外研社·HSK
HSK Class

VOCAB

◎ 外研社国际汉语研究

HSK
词汇突破
(第2版)

5级

含**1300**词

外语教学与研究出版社·北京

图书在版编目(CIP)数据

HSK词汇突破.5级 / 外研社国际汉语研究发展中心编. —— 2版. —— 北京：外语教学与研究出版社，2016.1

外研社·HSK课堂系列
ISBN 978-7-5135-7113-5

Ⅰ. ①H… Ⅱ. ①外… Ⅲ. ①汉语-词汇-对外汉语教学-水平考试-自学参考资料 Ⅳ. ①H195.4

中国版本图书馆CIP数据核字(2016)第032487号

出 版 人	蔡剑峰
选题策划	李彩霞　于　辉　刘虹艳　郑丽慧
责任编辑	刘虹艳　郑丽慧
装帧设计	姚　军
出版发行	外语教学与研究出版社
社　　址	北京市西三环北路19号（100089）
网　　址	http://www.fltrp.com
印　　刷	大厂回族自治县益利印刷有限公司
开　　本	880×1230　1/64
印　　张	4.5
版　　次	2016年3月第2版　2016年3月第1次印刷
书　　号	ISBN 978-7-5135-7113-5
定　　价	29.00元

购书咨询：(010)88819926　电子邮箱：club@fltrp.com
外研书店：https://waiyants.tmall.com
凡印刷、装订质量问题，请联系我社印制部
联系电话：(010)61207896　电子邮箱：zhijian@fltrp.com
凡侵权、盗版书籍线索，请联系我社法律事务部
举报电话：(010)88817519　电子邮箱：banquan@fltrp.com
法律顾问：立方律师事务所　刘旭东律师
　　　　　中咨律师事务所　殷　斌律师
物料号：271130001

编写说明

本套"HSK 词汇突破系列"自 2011 年陆续出版后深受广大 HSK 考生和教师的欢迎,销量居 HSK 辅导图书前列,各分册均多次重印。2015 年,孔子学院总部/国家汉办对 2009 版 HSK 大纲进行了修订,对词汇大纲也进行了调整。为顺应新大纲的要求,同时结合广大读者对第 1 版提出的宝贵意见和建议,我们修订编写了这套"HSK 词汇突破系列"第 2 版。

《HSK 词汇突破·5 级》(第 2 版)由 HSK 5 级词汇组成,词汇按音序排列,以方便考生查找。本书根据 2015 版 HSK 词汇大纲,在第 1 版的基础上进行了相应的增补和删改,共计新增词条 43 个,删除词条 30 个,与其他等级之间互调词条 253 个,并对部分词条的词性、拼音、搭配、例句等进行了内部修订。此外,本书将新版词汇大纲中的"附表 1:重组默认词"在相应词条下作为"扩展词"呈现,将"附表 3:特例词"中的专有名词融入例句中呈现,并将新版词汇大纲中的 3 个附表完整呈现在本书的附录部分,为学习者进行补充、扩展学习提供了方便。

"外研社·HSK 课堂系列"是一套训练学生听、说、读、写各方面技能的综合性考试教材,包括"21 天征服 HSK 教程""HSK 专项突破""HSK 词汇(含词汇突破、词汇宝典)""HSK通关:攻略·模拟·解析"以及"HSK全真模拟试题集"五个系列。"HSK词汇突破"是一套词汇手册,共含四本:《HSK词汇突破·1-3级》《HSK词汇突破·4级》《HSK词汇突破·5级》以及《HSK词汇突破·6级》。本套手册由具备丰富HSK教学经验的教师编写,内容涵盖了HSK大纲中的1-6级词汇。

《HSK词汇突破·5级》在内容和编排上充分考虑到学习者的需求。在内容方面,严格按照新版HSK 5级大纲收录词汇,以满足HSK 5级考试的备考需要。在体例设计上,为生词加注了汉语拼音、英文翻译、常用词语搭配及例句,部分生词还列出了其扩展词(重组默认词)、同义词或反义词。其中,常用词语搭配源于HSK真题中常出现的考点,便于考生提前熟悉考试;例句尽量不出现超纲词,所出现的少量超纲词均为常用词,且配有拼音和英文翻译,所以不会增加考生的学习负担,考生还可以此扩大自己的词汇量。

本手册采用口袋书的形式,便于携带,可方便考生随时随地记词汇。

作为便携式小词典,本套手册不仅适合参加HSK的考生做考前强化训练,也适合其他汉语学习者随时查阅,可帮助汉语学习者迅速掌握日常生活中经常遇到的汉语词汇。

在编写过程中,研究生褚秀丽、谈琛、覃春红、宾蓉、张妮、周冠男收集了大量资料,做了很多工作,在此表示诚挚的谢意!

欢迎广大读者使用本书并批评指正,以便我们及时修订。

外研社国际汉语研究发展中心
2016 年 1 月

A

哎 āi *interj.* (used to attract attention) hey, oh
【例】①哎,你好! ②哎,好久不见!

唉 āi *interj.* (a response to a call, an order, etc)
【例】①唉,我在这儿。②唉,我知道了。

爱护 àihù *v.* care for, take good care of
【配】爱护环境,互相爱护
【例】①爱护环境要从小事做起。②请爱护校园(xiàoyuán; campus)的一草一木。
【反】破坏

爱惜 àixī *v.* treasure, cherish
【配】爱惜生命,爱惜粮食
【例】①请爱惜生命。②我们要爱惜粮食。
【反】浪费

爱心 àixīn *n.* loving heart
【配】有爱心,爱心活动
【例】①小明很有爱心。②大家都想参加这次爱心活动。

安慰 ānwèi *v.* comfort, console
【配】安慰朋友
【例】①她很难过,我们去安慰安慰她吧。②他很会自我安慰。

安装 ānzhuāng *v.* install, set up
【配】安装系统,安装软件
【例】①我要重新安装电脑系统。②你还需要安装这个软件。

岸 àn *n.* bank, coast
【配】河岸,上岸
【例】①河两岸的树长得很高。②河水很凉,你快上岸吧!

暗 àn *adj.* dark, dim
【配】很暗
【例】①傍晚,天暗了下来。②屋子里没开灯,很暗。
【扩】黑暗 (hēi'àn; dark)

熬夜 áoyè *v.* stay up late
【配】熬夜看比赛,熬了一夜
【例】①他昨天晚上熬夜看世界杯足球赛。②经常熬夜对身体不好。③我们打算熬夜复习考试。

B

把握 bǎwò v./n. hold, grasp; assurance
【配】把握机会，有把握
【例】①这是个好机会，你一定要把握好。②他对这次考试很有把握。

摆 bǎi v. put, place, wave
【配】摆整齐，摆手
【例】①我们一起把东西摆整齐吧。②她一直向我摆手，让我不要过去。
【扩】摆放 (bǎifàng; arrange)

办理 bànlǐ v. handle, conduct
【配】办理手续，办理业务
【例】①她最近在办理出国 (chūguó; go abroad) 手续。②我来这里办理存款 (cúnkuǎn; deposit) 业务。

傍晚 bàngwǎn n. evening, dusk
【配】每天傍晚
【例】①每天傍晚我们都一起散步。②她到家的时候已经是傍晚了。
【反】清晨 (qīngchén)

包裹 bāoguǒ *n.* parcel, package
【配】邮寄包裹
【例】①我去邮局寄包裹。②她手里拿着一个包裹。

包含 bāohán *v.* contain, include
【配】包含的内容
【例】①这句话包含两个方面的意思。②这本书包含了很多内容。
【扩】含量 (hánliàng; content)

包括 bāokuò *v.* include
【配】包括……在内
【例】①包括我在内,教室里总共有 10 个人。②学费里不包括住宿费。

薄 báo *adj.* thin, flimsy
【配】薄被,薄片
【例】①这张纸真薄啊!②面包片切得太薄了。
【反】厚

宝贝 bǎobèi *n.* treasure, baby
【配】漂亮宝贝
【例】①这些古董 (gǔdǒng; antique) 是他的宝贝。②你的宝贝女儿真可爱!

宝贵 bǎoguì *adj.* valuable, precious
【配】宝贵的生命，十分宝贵
【例】①我们要珍惜宝贵的生命。②不要浪费我们的宝贵时间。
【同】珍贵 (zhēnguì)

保持 bǎochí *v.* maintain, preserve
【配】保持联系，保持安静
【例】①你回上海后，我们要保持联系。②教室要保持安静。

保存 bǎocún *v.* keep
【配】保存食物，保存完整
【例】①你们要把这些照片保存好。②这些食物可以保存三个月以上。

保留 bǎoliú *v.* retain, keep back
【配】保留权利
【例】①他保留对这幅画的所有权 (suǒyǒuquán; ownership)。②图书馆会为你将这本书保留三天。

保险 bǎoxiǎn *n.* insurance
【配】失业保险，保险公司
【例】①很多人都参加了社会保险。②大家可以买各种各样的保险。

报到 bàodào v. check in, report for duty
【配】新生报到，去学校报到
【例】①请大家在这里登记报到。②你今天去学校报到了吗？

报道 bàodào v./n. report (on), cover; news report
【配】报道消息，现场报道
【例】①电视台报道了日本地震的消息。②下面请看记者为我们发回的现场报道。

报告 bàogào n./v. report
【配】做报告，工作报告
【例】①大家都在认真地听报告。②你的工作报告做得很好。③有什么情况要及时向我报告。

报社 bàoshè n. newspaper office
【配】一家报社
【例】①我在报社工作。②北京有多少家报社？

抱怨 bàoyuàn v. complain, grumble
【配】抱怨她，抱怨工作
【例】①他不停地抱怨这儿的服务不好。②你别抱怨了，好不好？

背 bēi *v.* carry on the back
【配】背书包，背得动
【例】①小王从北京背了一大包特产回家。②爸爸把孩子背 (bēi) 在了背 (bèi; back) 上。

悲观 bēiguān *adj.* pessimistic
【配】悲观情绪
【例】①她现在非常悲观。②这种悲观的态度会影响你的学习。
【反】乐观

背景 bèijǐng *n.* background
【配】政治背景，背景图片
【例】①这个背景音乐很好听。②当时的社会背景很复杂。

被子 bèizi *n.* quilt
【配】盖被子，一床被子
【例】①睡觉要盖好被子。②这床被子又厚又暖和。

本科 běnkē *n.* undergraduate course
【配】本科毕业，本科阶段
【例】①现在很多本科毕业的大学生都不好找工作。②本科阶段的学习是很重要的。

本领 běnlǐng *n.* ability, skill
【配】练好本领,掌握本领
【例】①这个年轻人有很多特殊本领。②我们要不断学习,掌握新本领。

本质 běnzhì *n.* nature
【配】生活的本质
【例】①我们要找到问题的本质。②这两件事有着本质上的区别。
【反】现象

比例 bǐlì *n.* proportion, ratio
【配】大小比例,占很大比例
【例】①我们学校的男女比例为 1:2。②这次考试中选择题占的比例较大。

彼此 bǐcǐ *pron.* each other
【配】不分彼此,彼此帮助
【例】①你们要彼此关心,彼此帮助。②他们关系很好,不分彼此。

必然 bìrán *adj.* inevitable
【配】必然结果,必然联系
【例】①只要你坚持下去,必然会成功。②金钱 (jīn-

qián; money) 和幸福之间没有必然的联系。
【反】偶然

必要 bìyào *adj.* necessary, essential
【配】十分必要,必要条件
【例】①马上就出发了,你要做好必要的准备。②空气和水是人类生存的必要条件。

毕竟 bìjìng *adv.* after all
【例】①孩子毕竟还小,还不明白这些事。②你们毕竟是朋友,别生气了。

避免 bìmiǎn *v.* avoid
【配】避免受伤,不可避免
【例】①我们要避免这种事情再次发生。②为了避免更多的人受伤,我们要做好安全检查工作。

编辑 biānjí *v./n.* edit; editor
【配】编辑部,美术编辑
【例】①我们要把这些材料编辑成书。②小李是报社的一名编辑。
【扩】编写 (biānxiě; compile)

鞭炮 biānpào *n.* firecrackers
【配】放鞭炮,一串鞭炮

【例】①中国人喜欢放鞭炮庆祝新年。②外面的鞭炮声很大。

便 biàn *adv.* as soon as
【配】一问便知
【例】①这道题很简单,我一看便知道怎么做。②只要我们很好地合作,任务便能顺利完成。

辩论 biànlùn *v.* debate
【配】辩论赛,进行辩论
【例】①他们就这一问题展开了激烈的辩论。②今年的大学生辩论赛马上就要开始了。

标点 biāodiǎn *n.* punctuation
【配】标点符号
【例】①写文章要尽量避免出现标点错误。②每一个标点都很重要。

标志 biāozhì *n./v.* symbol, sign; indicate, symbolise
【配】交通标志,停车标志
【例】①路上有很多交通安全标志。②合作的成功标志着两国关系的进一步深入。
【扩】标签 (biāoqiān; label, tag)

表达 biǎodá *v.* express
【配】表达意见，充分表达
【例】①张琳帮助了我，我向她表达了我的感激之情。②我们要提高学生的口头表达能力。

表面 biǎomiàn *n.* surface, appearance
【配】地球表面，表面上
【例】①这张桌子的表面很光滑。②她表面上很平静，心里却十分紧张。

表明 biǎomíng *v.* indicate, make clear
【配】表明态度
【例】①研究表明，心情对人的健康影响很大。②他已经表明了对这件事的态度。

表情 biǎoqíng *n.* expression
【配】表情丰富，失望的表情
【例】①他是个表情很丰富的人。②她脸上露出失望的表情。

表现 biǎoxiàn *v.* show, behave
【配】表现良好
【例】①他的优点表现在许多方面。②小明最近在学校表现得很好，受到了老师的表扬。

冰激凌 bīngjīlíng *n.* ice cream
【配】一个冰激凌,冰激凌蛋糕
【例】①夏天我喜欢吃冰激凌。②现在流行吃冰激凌火锅(huǒguō; hot pot)。

病毒 bìngdú *n.* virus
【配】感冒病毒
【例】①这种病毒会传染给周围的人。②你的电脑感染(gǎnrǎn; be infected)了病毒,需要杀毒。

玻璃 bōli *n.* glass
【配】玻璃杯,一块玻璃
【例】①窗户上的一块玻璃被打碎了。②这套玻璃杯很漂亮。

播放 bōfàng *v.* broadcast
【配】播放歌曲,播放音乐
【例】①音乐开始播放了。②他们正在播放电影。

脖子 bózi *n.* neck
【配】伸脖子
【例】①他的脖子很短。②她伸长了脖子观看前面的表演。

博物馆 bówùguǎn *n.* museum

【配】参观博物馆，历史博物馆
【例】①这是一座自然博物馆。②每到周末，都有很多父母带孩子来这个博物馆参观。

不断 búduàn *adv.* unceasingly, continuously
【配】不断努力，不断进步
【例】①新事物不断出现。②他不断地提出问题。

不见得 bújiàndé *adv.* not likely, may not
【配】不见得是好事，不见得可靠
【例】①他说的不见得都是对的。②她不见得能来。

不耐烦 bú nàifán impatient
【配】很不耐烦，感到不耐烦
【例】①总有很多人来打扰她，她感到很不耐烦。②他的话里有不耐烦的意思。

不要紧 búyàojǐn *adj.* not serious, never mind
【例】①这病不要紧，吃点儿药就好了。② A：对不起，踩到您了。B：不要紧。

补充 bǔchōng *v.* replenish, supplement
【配】补充内容，补充营养
【例】①这篇文章内容太少，需要再补充一些。②你最近工作这么辛苦,要多补充些营养。

不安 bù'ān *adj.* uneasy
【配】感到不安
【例】①她今晚感到非常不安。②他为曾经做过的事情感到良心 (liángxīn; conscience) 不安。

不得了 bùdéliǎo terrible, extremely
【配】热得不得了
【例】①不得了了,着火了! ②他高兴得不得了。

不然 bùrán *conj.* otherwise
【配】不然的话
【例】①快走吧,不然就迟到了。②明天我还有点儿事儿,不然的话,可以陪你一起去。

不如 bùrú *v.* be inferior to
【例】①走路不如骑车快。②在这方面,你确实不如他。

不足 bùzú *n./v.* insufficiency; be less than
【配】存在不足,信心不足
【例】①我们公司还存在很多不足。②这个城市很小,人口不足十万。③他们公司资金严重不足。

布 bù *n.* cloth

【配】棉布，布鞋
【例】①这双布鞋穿着很舒服。②我想买一块花布。

步骤 bùzhòu *n.* step
【配】具体步骤，关键步骤
【例】①这项工作要分几个步骤完成。②我们要有计划、有步骤地进行工作。

部门 bùmén *n.* department
【配】生产部门
【例】①各个部门要互相配合。②政府部门正在研究如何改善城市交通状况。

C

财产 cáichǎn *n.* property
【配】一笔财产，国家财产
【例】①她失去了所有的财产。②这是大家共同的财产。

采访 cǎifǎng *v.* interview
【配】采访新闻，接受采访
【例】①记者来我们学校进行采访。②他很少接受采访。

采取 cǎiqǔ *v.* adopt
【配】采取措施

【例】①你将采取什么方法解决这个问题？②公司采取了很多措施来降低生产成本 (chéngběn; cost)。
【扩】采用 (cǎiyòng; adopt, put to use)

彩虹 cǎihóng *n.* rainbow
【配】一道彩虹
【例】①天空中出现了一道美丽的彩虹。②彩虹一般在雨后出现。

踩 cǎi *v.* step on, tread on
【配】踩伤
【例】①我被她踩了一脚。②这次活动有一个人被踩伤了。

参考 cānkǎo *v.* consult, refer to
【配】参考书，参考资料
【例】①文章最后有详细的参考资料表。②你可以参考一下他们的做法。

参与 cānyù *v.* take part in
【配】参与活动
【例】①很多同学参与了这次活动。②他参与了这个计划的制订工作。

惭愧 cánkuì *adj.* ashamed
【配】感到惭愧
【例】①他为自己曾经说谎而深感惭愧。②她惭愧地低下了头。

操场 cāochǎng *n.* playground
【配】操场上
【例】①操场上有很多学生在跑步。②这里有一个很大的操场。

操心 cāoxīn *v.* worry (about sb/sth), be concerned with
【例】①她一直为你操心。②这事我自己能解决,你们就不用操心了。

册 cè *m.* volume
【配】一册书
【例】①这套书共有三册。②我们这学期学习第一册。
【扩】相册(xiàngcè; photograph album)

测验 cèyàn *v.* test, quiz
【配】数学测验,进行测验
【例】①他成功地通过了测验。②下周有个小测验。

曾经 céngjīng *adv.* once

【例】①她曾经说过这件事。②这首歌曾经非常流行。

叉子 chāzi *n.* fork
【配】一把叉子
【例】①他不会用叉子吃饭。②她习惯用刀子和叉子吃饭。

差别 chābié *n.* difference
【配】年龄差别，差别很大
【例】①这两种设计方案差别不大。②这两句话的意思有很大差别。

差距 chājù *n.* disparity, gap
【配】差距很大，存在差距
【例】①这个国家的贫富差距很大。②理想和现实总是存在差距。

插 chā *v.* insert
【配】插上，插花
【例】①你帮我把这些花插在瓶子里吧。②不好意思，我想插一句话。

拆 chāi *v.* tear open, take apart
【配】拆开，拆分

【例】①老李把旧房子拆了。②他拆开箱子,发现里面什么也没有。

产品 chǎnpǐn *n.* product
【配】农产品,生产产品
【例】①这是我们公司生产的产品。②这家工厂的产品种类 (zhǒnglèi; kind, sort) 很丰富。

产生 chǎnshēng *v.* bring about, produce, cause
【配】产生影响,产生问题
【例】①这次会议产生了很大的影响。②他们之间因为一件小事产生了矛盾。

长途 chángtú *adj.* long-distance
【配】长途电话,长途旅行
【例】①我打了半个小时的长途电话。②她坐长途汽车回家了。

常识 chángshí *n.* general knowledge, common sense
【配】安全常识,法律常识
【例】①我们要多了解一些安全小常识。②这本书里讲了很多世界历史常识,适合儿童阅读。

抄 chāo *v.* copy, transcribe

【配】抄笔记,抄写
【例】①我把这篇文章抄写了两遍。②她把文章的第一段话抄到了笔记本上。

超级 chāojí *adj.* super
【配】超级大国,超级明星
【例】①他是一名超级足球明星。②这里有个超级市场。

朝 cháo *v./prep.* face (to); towards
【配】朝南,朝前看
【例】①我们家的房子朝南。②她朝学校大门走去。

潮湿 cháoshī *adj.* moist, damp
【配】潮湿的天气,土地潮湿
【例】①今天空气很潮湿。②食物在潮湿的环境里容易变质。

吵 chǎo *v./adj.* quarrel; noisy
【配】吵起来,很吵
【例】①他们俩因为一点儿小事就吵了起来。②电视太吵了,把声音关小点儿。
【反】安静

吵架 chǎojià *v.* quarrel
【配】为小事吵架
【例】①他和女朋友吵架了。②他们从来都不吵架。

炒 chǎo *v.* fry
【配】炒菜,炒米饭
【例】①她炒的菜很好吃。②老王最喜欢做的菜是炒鸡蛋。

车库 chēkù *n.* garage
【配】地下车库,进出车库
【例】①我把车停在地下车库里。②这个车库很大,进出很方便。

车厢 chēxiāng *n.* railway carriage
【配】火车车厢,地铁车厢
【例】①这节车厢里有很多人。②车厢内禁止吸烟!

彻底 chèdǐ *adj.* thorough
【配】彻底改变,彻底解决
【例】①这件事彻底改变了我的命运。②经过长期努力,这个问题终于彻底解决了。③毕业以后,我们彻底失去了联系。

沉默 chénmò *v.* be silent
【配】保持沉默
【例】①你有权 (quán; right) 保持沉默。②沉默了很久,她终于说话了。

趁 chèn *prep.* taking advantage of
【配】趁着天亮
【例】①趁天还没黑,你快点儿回去吧。②我趁着现在没事,去公园走走。

称 chēng *v.* call, weigh
【配】自称,称苹果
【例】①大家都尊称他为张老。②请帮我称一下这些苹果有几斤。

称呼 chēnghu *v./n.* call, address; form of address
【配】用姓称呼
【例】①大家都称呼他小李。②请问您怎么称呼?③这是一种亲切的称呼。
【扩】名称(míngchēng; name of a thing or organisation)

称赞 chēngzàn *v.* praise
【配】受到称赞,值得称赞

【例】①老师经常称赞她是个好学生。②老王助人为乐 (zhùrén-wéilè; take pleasure in helping people) 的精神受到人们的称赞。
【同】表扬

成分 chéngfèn *n.* composition, element
【配】化学成分,营养成分
【例】①苹果含有多种营养成分。②牛奶的主要成分是什么?

成果 chéngguǒ *n.* achievement, positive result
【配】取得成果,最新成果
【例】①我们要珍惜这些劳动成果。②这项研究终于取得了令人满意的成果。

成就 chéngjiù *n.* achievement, accomplishment
【配】文学成就,很有成就
【例】①他在文学方面很有成就。②他在工作上取得了突出的成就。

成立 chénglì *v.* found, set up
【配】成立公司,成立学校
【例】①这是一个新成立的部门。②这家公司昨天在北京正式成立了。

成人 chéngrén *n.* adult, grown-up
【配】成人教育，成人保险
【例】①孩子的力气怎么能和成人比？②你可以参加成人教育考试。③学校为18岁的学生举行成人礼。

成熟 chéngshú *v./adj.* ripen; mature
【配】果实成熟，成熟的男人
【例】①8月份，苹果都成熟了。②请你成熟点儿，不要这么幼稚。
【反】幼稚（yòuzhì）

成语 chéngyǔ *n.* set phrase (in Chinese)
【配】成语故事
【例】①大家都觉得这个成语故事很有意思。②你们明白这个成语的意思吗？

成长 chéngzhǎng *v.* grow up, develop
【配】不断成长，快乐成长
【例】①祝孩子们健康成长。②人们在成长的过程中都会遇到很多困难。

诚恳 chéngkěn *adj.* sincere
【配】态度诚恳，诚恳地道歉
【例】①她的态度非常诚恳。②小王诚恳地接受了批评。

承担 chéngdān *v.* bear, undertake
【配】承担责任，承担义务，承担费用
【例】①她必须自己承担责任。②他主动承担了所有的工作。

承认 chéngrèn *v.* admit, acknowledge
【配】承认错误，承认失败
【例】①你要勇敢地承认自己的错误。②我承认你说得有道理。

承受 chéngshòu *v.* bear, stand
【配】承受压力，承受损失
【例】①她承受不了这么大的压力。②他小小年纪，就要承受失去亲人 (qīnrén; family member) 的痛苦。

程度 chéngdù *n.* degree, level
【配】文化程度，在一定程度上
【例】①他虽然文化程度不高，但是很聪明。②成功在很大程度上要靠个人努力。

程序 chéngxù *n.* procedure, (computer) program
【配】法律程序，电脑程序

【例】①我们要按照正常程序来处理这件事。②这台电脑上安装了一个新程序。

吃亏 chīkuī *v.* suffer losses, be at a disadvantage
【配】怕吃亏
【例】①他做事总是害怕吃亏。②相比之下,我队在身高上太吃亏了。

池塘 chítáng *n.* pond, pool
【配】小池塘
【例】①这个池塘的水很脏。②小池塘里有许多荷花(héhuā; lotus)。

迟早 chízǎo *adv.* sooner or later
【例】①我迟早会去一次中国。②问题迟早会解决的。③房子和车迟早会有的。

持续 chíxù *v.* continue, sustain
【配】持续发展,持续增长
【例】①我们要努力使经济持续健康发展。②他们之间的交往(jiāowǎng; contact)持续了多年。

尺子 chǐzi *n.* ruler
【配】一把尺子

【例】①文具盒里有铅笔、尺子和橡皮。②她用这把尺子画图。

翅膀 chìbǎng *n.* wing
【配】张开翅膀
【例】①小鸟张开翅膀,向远处飞去。②它的小翅膀非常灵活。

冲 chōng *v.* rush, flush
【配】冲出去,冲洗
【例】①下课铃声一响,他第一个冲出了教室。②请帮我把碗冲洗一下。③大水冲坏了我们的房子。

充电器 chōngdiànqì *n.* (battery) charger
【配】手机充电器
【例】①我在找我的手机充电器。②我们要使用合格的充电器。

充分 chōngfèn *adj.* sufficient, to the full, as full as possible
【配】理由充分,充分利用,充分发挥
【例】①你的理由不充分,我不能相信你。②她已经为这次考试做好了充分准备。③你要充分利用有利条件完成这项工作。

充满 chōngmǎn *v.* be full of, be filled with
【配】充满信心，充满感激
【例】①我对你充满信心，加油！②她对未来充满希望。

重复 chóngfù *v.* repeat, duplicate
【配】内容重复，重复出现
【例】①这两段话的意思重复了，最好删除一段。②这个画面重复出现了好几次。

宠物 chǒngwù *n.* pet
【配】宠物食品，养宠物
【例】①我们家附近有个宠物医院。②现在喜欢养宠物的人越来越多。

抽屉 chōuti *n.* drawer
【配】拉开抽屉
【例】①我的课本在抽屉里。②你帮我拉开抽屉看看钥匙在不在里面。

抽象 chōuxiàng *adj.* abstract
【配】抽象概念，抽象思维 (sīwéi; thinking)
【例】①这幅画太抽象，让人很难看懂。②讲一些具体事例 (shìlì; example) 能帮助学生理解抽象的理论。

【反】具体

丑 chǒu *adj.* ugly, shameful
【配】丑恶
【例】①这个人长得很丑。②他有很多丑闻 (chǒuwén; scandal)。
【反】美

臭 chòu *adj.* smelly, stinking, odious
【配】臭气
【例】①这种臭味儿真的让人受不了。②他的名声 (míngshēng; reputation) 已经臭了。
【反】香

出版 chūbǎn *v.* publish
【配】出版图书
【例】①好几家出版社 (chūbǎnshè; publisher) 都希望出版她的书。②这套书刚出版就受到读者 (dúzhě; reader) 欢迎。

出口 chūkǒu *n./v.* exit; export
【配】安全出口，出口产品
【例】①这个会议室有三个出口。②他们公司的产品出口到很多国家。

【反】入口；进口

出色 chūsè *adj.* outstanding, excellent
【配】表现出色，成绩出色
【例】①他们出色地完成了任务。②她表现得十分出色。

出示 chūshì *v.* show, produce
【配】出示门票，出示证据，出示证件
【例】①下车的乘客请出示车票。②进出校园要出示学生证。

出席 chūxí *v.* attend, be present
【配】出席会议
【例】①出席这次会议的人很多。②很多国家和地区的领导人都出席了这次会议。

初级 chūjí *adj.* elementary, primary
【配】初级课本，初级阶段
【例】①我现在还在初级班上课。②我的法语 (Fǎyǔ; French) 只有初级水平。

除非 chúfēi *conj.* only if, only when
【配】除非……，否则……

【例】①除非你跟我去，否则我肯定不去。②除非便宜，否则我不买。

除夕 chúxī *n.* New Year's Eve
【配】除夕夜，过除夕
【例】①大家都回家和家人一起过除夕。②去年除夕，我是在朋友家过的。

处理 chǔlǐ *v.* deal with, handle
【配】处理事情，正确处理
【例】①这种事情让小王来处理，他很有经验。②他忙着处理各种问题。

传播 chuánbō *v.* spread, disseminate
【配】传播知识，广泛传播
【例】①她的专业是新闻传播学。②这个消息很快就传播到了世界各地。

传染 chuánrǎn *v.* infect
【配】传染病毒
【例】①他把感冒传染给我了。②这种病不易传染。

传说 chuánshuō *n.* legend
【配】神话传说，民间 (mínjiān; folk) 传说

【例】①民间流传着很多美丽的传说。②这只是一个神话传说。

传统 chuántǒng *adj./n.* traditional; tradition
【配】传统习惯,传统艺术,优秀传统
【例】①这是我们国家的传统文化。②中秋节是中国的传统节日。③春节吃饺子是中国人的传统。

窗帘 chuānglián *n.* curtain
【配】拉开窗帘
【例】①这块布适合做窗帘。②你房间的窗帘很漂亮。

闯 chuǎng *v.* rush, temper oneself
【配】闯进去,闯红灯,敢闯敢试
【例】①他不顾一切地闯了进去。②年轻人应该到社会上勇敢地闯一闯。

创造 chuàngzào *v.* create
【配】创造奇迹,创造机会
【例】①这次比赛,他又创造了新纪录。②劳动人民是历史的创造者。③爱心和坚持可以创造生命的奇迹。

吹 chuī *v.* blow, play (wind instruments)
【配】吹蜡烛,吹拉弹唱
【例】①大风把我的头发都吹乱了。②他会吹笛子(dí-

zi; flute)。

词汇 cíhuì *n.* vocabulary
【配】英语词汇，词汇量
【例】①我们正在学习汉语六级词汇。②你的词汇量不大。

辞职 cízhí *v.* resign, quit
【配】辞职信，提出辞职
【例】①她已经向公司提出辞职。②他打算下个月正式辞职。

此外 cǐwài *conj.* besides, in addition
【例】①此外，没有别的办法了。②此外，你还有其他需要吗？

次要 cìyào *adj.* less important, secondary
【配】次要原因，次要地位
【例】①她是这个故事中的次要人物。②我们应该首先解决面临的主要问题，而不是次要问题。

刺激 cìjī *v.* stimulate, upset
【配】受到刺激
【例】①这件事让他受到很大刺激。②这项政策可以刺激经济发展。

【扩】刺眼 (cìyǎn; dazzling, harsh to the eye)

匆忙 cōngmáng *adj.* hurried, hasty
【配】匆忙决定，匆忙回答
【例】①她接完电话就匆忙出门了。②他走得十分匆忙。

从此 cóngcǐ *adv.* from this time on
【配】从此以后
【例】①从此她再也没有提起这件事。②从此以后，他们过上了幸福的生活。

从而 cóng'ér *conj.* thus, thereby
【例】①她每天走路去学校，从而达到了锻炼身体的目的。②我们要多读书，从而增加自己的知识量。

从前 cóngqián *n.* former times, the past
【配】从前的事
【例】①从前，这里的人们过着非常平静的生活。②我们都很怀念从前的日子。

从事 cóngshì *v.* undertake, be engaged in
【配】从事工作
【例】①他们主要从事农业生产。②她从事这项工作已经很多年了。

粗糙 cūcāo *adj.* rough, ragged, unpolished
【配】表面粗糙，皮肤粗糙
【例】①经常干活容易使双手粗糙。②这张桌子摸上去很粗糙。
【反】光滑

促进 cùjìn *v.* promote
【配】促进发展，促进生产
【例】①这项研究成果极大地促进了农业生产的发展。②这项协议(xiéyì; agreement)将促进两国的友好合作。

促使 cùshǐ *v.* impel, urge
【例】①她的话促使我做出这个决定。②是什么原因促使你这样做？

醋 cù *n.* vinegar
【配】一瓶醋
【例】①这种醋特别酸。②多喝醋对身体有好处。

催 cuī *v.* hurry, urge
【例】①妈妈催他快点儿起床去学校。②要不是因为着急，我不会来催你的。

存在 cúnzài *v.* exist

【配】存在问题，长期存在
【例】①我们的工作还存在一些问题。②对这件事，社会上存在很多争论。

措施 cuòshī *n.* measure
【配】采取措施，保护措施
【例】①我们要采取措施防止这种事情再次发生。②植树造林 (zhíshù-zàolín; afforestation) 是保护环境的重要措施。

D

答应 dāying *v.* answer, agree
【配】答应要求
【例】①我叫了几声，没有人答应。②他答应了我的请求。

达到 dádào *v.* achieve, reach
【配】达到要求，达到标准
【例】①他的要求很高，很难达到。②她有信心达到目标。

打工 dǎgōng *v.* do a temporary job
【配】外出打工

【例】①他在北京打工三年了。②她在一家餐厅打工。

打交道 dǎ jiāodao have dealings with
【例】①她不喜欢跟记者打交道。②我们要学会和各种各样的人打交道。

打喷嚏 dǎ pēntì sneeze
【例】①你今天老打喷嚏，是不是感冒了？②她一着凉就打喷嚏。

打听 dǎting *v.* enquire about, ask about
【配】打听消息
【例】①她向我打听你的情况。②这件事我已经打听清楚了。

大方 dàfang *adj.* natural and poised, generous
【配】举止 (jǔzhǐ; manner) 大方
【例】①她是位美丽大方的姑娘。②他很大方，经常主动请我们吃饭。

大厦 dàshà *n.* mansion, large building
【配】高楼大厦，一座大厦
【例】①北京有很多高楼大厦。②我在这座大厦里上班。

大象 dàxiàng *n.* elephant

【配】一头大象
【例】①动物园里新来了几头大象。②大象一般可以活到 70 岁左右。

大型 dàxíng *adj.* large-scale, large-sized
【配】大型会议，大型飞机，大型企业
【例】①今晚有一个大型唱歌比赛。②她要参加这次大型会议。

呆 dāi *adj.* dull, blank
【配】呆头呆脑，吓呆
【例】①他不是很聪明，有点儿呆头呆脑的。②她只是呆呆地坐着。

代表 dàibiǎo *n./v.* representative; represent
【配】学生代表，代表学校
【例】①我们派出了五名代表参加这次会议。②我代表学校欢迎你。

代替 dàitì *v.* substitute for, replace
【配】我代替你
【例】①他出差了，你代替他去吧。②保健品不能代替药品。

贷款 dàikuǎn *n./v.* loan; get a loan
【配】还贷款,申请贷款
【例】①她已经还完了所有的贷款。②他向银行申请了一笔贷款。③公司上个月向银行贷款一百万元。

待遇 dàiyù *n.* treatment, remuneration
【配】平等待遇,工资待遇
【例】①他在那里遇到了不公正的待遇。②这家公司员工的工资待遇很好。

担任 dānrèn *v.* hold (a post)
【配】担任领导
【例】①他担任过这个学校的校长。②他继续担任公司总经理。

单纯 dānchún *adj.* simple, pure
【配】单纯的孩子
【例】①他是一个很单纯的孩子。②她的思想很单纯。

单调 dāndiào *adj.* monotonous, dull
【配】单调的音乐,生活单调
【例】①这节课的内容有点儿单调。②我们每天都在重复单调的工作。

单独 dāndú *adv.* alone, on one's own
【配】单独行动
【例】①我想单独跟你谈谈。②他要单独完成这次任务。
【扩】独自（dúzì; alone, by oneself）

单位 dānwèi *n.* unit (for standard of measurement or a group of people as a whole)
【配】时间单位，长度单位，工作单位
【例】①"日"以上的时间单位还有"月"和"年"。②他已经在这个单位工作了十年。

单元 dānyuán *n.* unit
【配】单元练习
【例】①这本书有六个单元。②我家在五号楼三单元。

耽误 dānwu *v.* delay, hold up
【配】耽误时间，耽误工作
【例】①快点儿走吧，别耽误时间了。②他因为生病耽误了很多工作。

胆小鬼 dǎnxiǎoguǐ *n.* coward
【例】①她不是一个胆小鬼。②他被伙伴们称为"胆小鬼"。

淡 dàn *adj.* bland (for food, drinks), light (for colour)
【配】淡蓝色
【例】①这菜太淡了,再加点儿盐吧。②她喜欢淡绿色的衣服。

当地 dāngdì *n.* locality, place mentioned
【配】当地人,当地的风俗
【例】①当地的老百姓都喜欢吃这种菜。②在当地,这种花随处可见。

当心 dāngxīn *v.* take care, look out
【配】当心点儿,当心感冒
【例】①当心!有辆车开过来了。②降温了,要当心感冒,多穿点儿。
【同】小心

挡 dǎng *v.* block, keep off
【配】挡路,挡雨
【例】①那个大箱子把出口挡住了。②很多女孩子喜欢撑伞挡太阳。

导演 dǎoyǎn *n./v.* director; direct
【配】总导演
【例】①他是一位著名导演。②她导演的这部电影获得了很高的评价。

导致 dǎozhì *v.* lead to, bring about
【配】导致失败
【例】①吸烟会导致很多疾病。②环境的破坏导致了很多气候问题的产生。

岛屿 dǎoyǔ *n.* islands
【配】一座岛屿，美丽的岛屿
【例】①他看见远处有一座岛屿。②这座岛屿风景迷人。

倒霉 dǎoméi *adj.* unlucky
【配】真倒霉
【例】①今天我真倒霉，刚买的手机坏了。②人总有倒霉的时候，但是一切都会好起来的。

到达 dàodá *v.* arrive, reach
【配】按时到达
【例】①飞机晚上十点到达上海。②他是第一个到达终点 (zhōngdiǎn; destination, finishing line) 的。

道德 dàodé *n.* morality, morals
【配】道德观念，公共道德
【例】①我们要有正确的道德观念。②这种电影有损公共道德。

道理 dàolǐ *n.* reason, principle
【配】有道理，讲道理
【例】①我认为他讲的话很有道理。②老师给我们讲了很多科学道理。

登记 dēngjì *v.* register, check in
【配】登记号码
【例】①你需要在服务台登记一下。②入住宾馆需要办理登记手续。

等待 děngdài *v.* wait for, await
【配】等待机会
【例】①我们正在为您办理证件，请您耐心等待。②她一直在等待你的出现。

等于 děngyú *v.* be equal to, amount to
【例】①二加三等于五。②我说了，你不听，等于没说。

滴 dī *m./v.* drop; drip
【配】一滴血，滴水
【例】①这个碗里一滴水也没有。②刚下过雨，屋顶在往下滴水。

的确 díquè *adv.* indeed, really
【配】的确是
【例】①他的确是这样说的。②这首歌的确很好听。

敌人 dírén *n.* enemy
【配】发现敌人，打败敌人
【例】①这里不容易被敌人发现。②他们正在阻止敌人的进攻 (jìngōng; attack)。

地道 dìdao *adj.* genuine, typical
【配】地道的北京话，真地道
【例】①你的普通话说得真地道。②这家餐馆的四川 (Sìchuān) 菜做得很地道。

地理 dìlǐ *n.* geography
【配】地理知识，地理学
【例】①我很喜欢学习地理知识。②这里的地理环境很复杂。

地区 dìqū *n.* area, district
【配】发达地区，东北地区
【例】①各地区的发展情况不一样。②今晚北部地区将会下雪。

地毯 dìtǎn *n.* carpet
【配】一块地毯,红地毯
【例】①我们家的地毯很脏,要洗一下。②大家一起坐在厚厚的大地毯上聊天儿。

地位 dìwèi *n.* position, ranking
【配】有地位,地位平等
【例】①鲁迅 (Lǔ Xùn) 先生在中国文学史上有很重要的地位。②我们的地位是平等的。

地震 dìzhèn *v.* earthquake
【配】大地震,强烈地震
【例】①这里刚发生了一次强烈地震。②很多房子在这次地震中倒 (dǎo; fall down) 了。

递 dì *v.* pass, hand over
【例】①他递给我一杯茶。②请把那本书递给我。

点心 diǎnxin *n.* dessert
【配】吃点心,点心盒
【例】①这家店的点心很好吃。②她送给我一盒点心。

电池 diànchí *n.* battery, cell
【配】手机电池,一节电池

【例】①我要去买两节五号电池。②我准备给手机换块新电池。

电台 diàntái *n.* radio station, transmitter-receiver
【配】广播电台
【例】①她在接受北京广播电台的采访。②这里有个无线 (wúxiàn; wireless) 电台。

钓 diào *v.* angle, fish
【配】钓鱼
【例】①他们说明天一起去钓鱼。②他昨天一条鱼也没钓到。

顶 dǐng *n./m.* top, crown; (used of sth that has a top)
【配】屋顶，头顶，两顶帽子
【例】①山顶上有一座小房子。②她头顶上有片树叶。③这顶帽子适合冬天戴。

动画片 dònghuàpiàn *n.* cartoon
【配】看动画片
【例】①这是我看的第一部动画片。②这部动画片很受小朋友的欢迎。

冻 dòng *v.* freeze
【配】冻伤，解冻

【例】①水池的水冻住了。②冰冻食品需要先解冻才能食用。

洞 dòng *n.* cavity, hole
【配】山洞
【例】①很早以前,人们住在山洞里。②袜子上破了个洞。

豆腐 dòufu *n.* tofu, bean curd
【配】一块豆腐,豆腐汤
【例】①豆腐很有营养。②我吃过各种各样的豆腐。

逗 dòu *v./adj.* tease; funny
【配】逗小孩
【例】①他喜欢逗小孩玩。②这个人真逗。

独立 dúlì *v./adj.* become independent; independent
【配】独立出来,独立生活,独立思考
【例】①这个研究机构是刚从别的单位独立出来的。②我要独立完成这个任务。

独特 dútè *adj.* unique, distinctive
【配】风格独特
【例】①这部小说的语言很独特。②这座建筑的设计风格很独特。
【同】特别

度过 dùguò *v.* spend
【配】度过假期
【例】①我度过了一个愉快的暑假。②人的一生应该怎样度过?

断 duàn *v.* break, cut off
【配】折断,断电
【例】①这棵树被砍断了。②学生宿舍每天晚上11点断电。

堆 duī *v./m.* pile (up); stack
【配】堆积,一堆垃圾
【例】①他把书都堆在桌子上了。②我们要把这堆水果搬进屋子。

对比 duìbǐ *v.* contrast, compare
【配】新旧对比
【例】①这两个对比一下就知道哪个好了。②人们总喜欢拿过去的生活和现在的生活进行对比。

对待 duìdài *v.* treat

【配】正确对待，对待他人
【例】①我们要热情地对待顾客。②她对待这个问题的态度很严肃。

对方 duìfāng *n.* other side, other party
【配】了解对方
【例】①他们在比赛前认真研究了对方的情况。②他终于把球踢进了对方的大门。

对手 duìshǒu *n.* competitor, rival
【配】竞争对手
【例】①这家公司今年的利润超过了所有竞争对手。②其实人最大的对手是自己。

对象 duìxiàng *n.* object, target
【配】调查对象
【例】①这次调查的对象是18至30岁的年轻人。②这本书的读者对象是中学生。

兑换 duìhuàn *v.* convert, exchange
【配】兑换美元，兑换现金
【例】①他把人民币兑换成美元。②这种货币不能自由兑换。

吨 dūn *m.* ton
【配】一吨
【例】①这里有十吨粮食。②最近每吨水的价格上涨了五毛钱。

蹲 dūn *v.* squat, crouch
【配】蹲下
【例】①他蹲下来跟孩子说话。②他们在大树下蹲着聊天儿。

顿 dùn *m.* time
【配】一顿饭,一顿打
【例】①他一天要吃四顿饭。②小明被爸爸骂了一顿。

多亏 duōkuī *v.* owe sth to sb
【配】多亏有你
【例】①多亏你来了,不然我都不知道该怎么办了。②这件事多亏了你的帮助。

多余 duōyú *adj.* surplus, redundant
【配】多余的钱
【例】①你有多余的笔吗?我想跟你借一支。②你这种担心是多余的。

朵 duǒ *m.* (of flowers, clouds, etc)
【配】一朵花，一朵云
【例】①这朵花真漂亮。②天空中飘着一朵朵白云。

躲藏 duǒcáng *v.* hide
【配】躲藏起来
【例】①她躲藏在门后面。②这里不容易躲藏，我们到别的地方去吧。

E

恶劣 èliè *adj.* very bad, disgusting
【配】环境恶劣，恶劣的气候，恶劣的行为
【例】①这儿的环境很恶劣。②这个地区自然条件恶劣。

耳环 ěrhuán *n.* earring, earbob
【配】一对耳环，戴耳环
【例】①她的耳环很漂亮。②我买了一对银耳环。

F

发表 fābiǎo *v.* issue, publish
【配】发表意见，发表论文
【例】①他在电视上发表讲话。②我们老师经常在学

术刊物 (kānwù; publication) 上发表文章。

发愁 fāchóu *v.* worry (about)
【配】为考试发愁
【例】①他在为期末考试发愁。②有了奖学金，他们就不用为学费发愁了。

发达 fādá *adj.* developed
【配】发达国家，经济发达
【例】①他们国家的工业很发达。②这个城市的商业很发达。

发抖 fādǒu *v.* quake, shake
【配】冷得发抖，手发抖
【例】①她被冻得一直在发抖。②他紧张得全身发抖。

发挥 fāhuī *v.* bring into play, give (full) play to
【配】发挥作用，发挥优势
【例】①他在这项工作中发挥了重要作用。②你要把你的优势都发挥出来。

发明 fāmíng *n./v.* invention; invent
【配】新发明，发明电话
【例】①这是一项重要发明。②他发明了一项新技术。

发票 fāpiào *n.* invoice
【配】一张发票，开发票
【例】①请帮我开张发票。②他手里拿着几张发票准备报销 (bàoxiāo; apply for reimbursement)。

发言 fāyán *v./n.* speak; speech
【配】积极发言，总结性发言
【例】①会议最后是自由发言时间。②她在大会上的发言很精彩。

罚款 fákuǎn *v./n.* impose a fine; fine, penalty
【配】罚款单
【例】①酒后开车要被罚款。②他去交罚款了。

法院 fǎyuàn *n.* court
【配】各级法院
【例】①他是一位中级人民法院院长。②法院正在审理 (shěnlǐ; try, prosecute) 这个案件 (ànjiàn; case)。

翻 fān *v.* turn over, climb over
【配】推翻，翻越
【例】①请打开书，翻到第 10 页。②你翻过这座山就可以看到海了。

繁荣 fánróng *adj.* flourishing, prosperous

【配】经济繁荣，繁荣的市场
【例】①这个国家经济很繁荣。②我们要努力促进文化繁荣。

反而 fǎn'ér *adv.* on the contrary, instead
【例】①雨不但没停，反而越来越大了。②我向她解释，她反而更有意见了。

反复 fǎnfù *adv./v.* repeatedly; vacillate
【配】反复出现，决不反复
【例】①对于这个问题，我已经反复思考过了。②最近天气一下冷一下热，总是反复。

反应 fǎnyìng *v./n.* respond, react; reaction
【配】引起反应
【例】①她现在老了，反应比原来慢多了。②我跟他说话，但他没有任何反应。

反映 fǎnyìng *v.* reflect, make known
【配】反映生活，反映情况
【例】①这部电影反映了20世纪60年代人们的生活。②我们会把这个情况向校长反映的。

反正 fǎnzhèng *adv.* all the same, anyway

【例】①不管你怎么说，反正我不会答应。②你别着急，反正不是什么大事。

范围 fànwéi *n.* scope, range, domain
【配】活动范围，范围很大
【例】①这家快递公司的送货范围是北京市五环以内。②明天全国有大范围降雨。

方 fāng *adj.* direction, side
【配】东方，我方
【例】①她是远方来的客人。②哪一方有道理，我就支持哪一方。

方案 fāng'àn *n.* plan, programme
【配】工作方案，新方案
【例】①这里有多种语言学习方案。②这是一个很好的改革方案。

妨碍 fáng'ài *v.* hinder, obstruct
【配】妨碍工作，妨碍交通
【例】①这样可能会妨碍你的工作。②你不要在这儿妨碍他。

仿佛 fǎngfú *adv.* as if, as though

【配】仿佛见过
【例】①我仿佛在哪儿见过她。②她的眼睛仿佛会说话。
【同】好像

非 fēi *adj./v./adv.* wrong; be not; have got to, simply must
【配】是非，非……不可
【例】①是非对错有时不容易判断。②他总是答非所问。③要想成绩好，非努力不可。

肥皂 féizào *n.* soap
【配】一块肥皂
【例】①我一般用肥皂洗衣服。②不能让肥皂水进眼睛里。

废话 fèihuà *n./v.* nonsense; talk nonsense
【配】一堆废话，少废话
【例】①你说了一大堆废话。②别废话，快做你的事情去。
【扩】废旧 (fèijiù; old and used)

分别 fēnbié *v./adv.* part; separately, respectively
【配】分别不久，分别进行
【例】①他们分别了好多年。②这两个小组分别从不同的地方出发。③小王和小张英语考试分别考了85分和95分。

分布 fēnbù *v.* be distributed
【配】分布情况，广泛分布
【例】①煤炭资源主要分布在这几个地区。②这种植物分布面积很广。

分配 fēnpèi *v.* distribute, portion out
【配】分配工作，合理分配，分配方式
【例】①这样分配时间不合理。②你们要平均分配这些东西。

分手 fēnshǒu *v.* split up, part
【例】①分手时，她没有哭。②我们在汽车站分手了。

分析 fēnxī *v.* analyse
【配】分析问题，深入分析
【例】①他把这些数据都分析了一遍。②对于这些新出现的情况，她做了具体分析。

纷纷 fēnfēn *adv.* one after another, in succession
【配】纷纷出现
【例】①大家纷纷提出问题。②人们纷纷跑过来看他的表演。

奋斗 fèndòu *v.* struggle, strive
【配】艰苦奋斗，奋斗目标
【例】①她奋斗了很多年。②大家都在为自己的将来努力奋斗。

风格 fēnggé *n.* style
【配】独特风格，个人风格
【例】①这是他的说话风格。②你这件衣服的风格很特别。

风景 fēngjǐng *n.* view
【配】美丽的风景
【例】①看到眼前的风景，我惊呆了。②张家界的风景实在是太美了。

风俗 fēngsú *n.* custom
【配】风俗习惯，社会风俗
【例】①我很想了解这个地方人们的风俗习惯。②这个古老的风俗现在仍然保留着。

风险 fēngxiǎn *n.* risk
【配】有风险，冒风险，承担风险

【例】①我们要想办法降低投资风险。②你这样做可能要冒比较大的风险。

疯狂 fēngkuáng *adj.* frenzied, crazy
【配】疯狂地玩
【例】①我再也不做这种疯狂的事情了。②她在疯狂地大喊大叫。

讽刺 fěngcì *v.* satirise
【配】讽刺意义
【例】①你不要再这样讽刺他了。②他喜欢看讽刺小说。

否定 fǒudìng *v./adj.* deny; negative
【配】全部否定,否定句
【例】①她完全否定了这一切。②这个问题的答案是否定的。
【反】肯定

否认 fǒurèn *v.* deny
【配】否认事实
【例】①她否认自己做过这件事。②他们采取既不承认也不否认的态度。

扶 fú *v.* place a hand on sth for support, support (with the hand)
【配】扶着墙
【例】①他扶着墙站起来。②我扶她到房间休息。

服装 fúzhuāng *n.* clothing, dress
【配】服装设计，服装店
【例】①她们的演出服装很漂亮。②这家店里的服装很有特点。

幅 fú *m.* (for paintings, cloth, etc)
【配】一幅画，一幅布
【例】①她画了一幅图画。②这幅画的风格很独特。

辅导 fǔdǎo *v.* coach, tutor
【配】辅导学生
【例】①她是我的汉语辅导老师。②老师对学生进行了心理辅导。

妇女 fùnǚ *n.* woman
【配】妇女权益 (quányì; rights)，家庭妇女
【例】①现在妇女的地位提高了。②我们要保护妇女和儿童的合法权益。

复制 fùzhì *v.* copy, duplicate
【配】复制品
【例】①请帮我将这个资料复制三份。②这次展出(zhǎnchū; exhibit)的是复制品。

G

改革 gǎigé *v./n.* reform
【配】经济改革,改革方案
【例】①今年我们要改革高考考试制度。②政府正在研究制定教育改革方案。

改进 gǎijìn *v.* improve
【配】改进方法
【例】①我们还要努力改进工作方法。②这项技术还需要不断改进。

改善 gǎishàn *v.* improve, upgrade
【配】改善生活
【例】①我们要改善这里的工作环境。②人们的生活条件有了很大改善。

改正 gǎizhèng *v.* correct, amend
【配】改正错误
【例】①这些错误已经改正了。②你要把这些缺点全部改正过来。

盖 gài *n./v.* cover; cover (up)
【配】盖子，锅盖，盖被子
【例】①茶杯盖被摔碎了。②天气冷，你要盖好被子。

概括 gàikuò *v.* summarise
【配】概括起来，概括思想
【例】①请用一句话概括这段话的意思。②文章的题目很好地概括了文章的主要观点。

概念 gàiniàn *n.* concept
【配】基本概念，抽象概念
【例】①这个概念很抽象，不容易理解。②他提出了一个新概念。

干脆 gāncuì *adj./adv.* straightforward; directly
【配】做事干脆
【例】①他说话很干脆。②你干脆给她打个电话吧。

干燥 gānzào *adj.* dry
【配】十分干燥，皮肤干燥
【例】①秋天我的皮肤总是很干燥。②这里干燥的气候真让我受不了。

【反】湿润

赶紧 gǎnjǐn *adv.* hastily, quickly
【配】赶紧离开
【例】①赶紧走吧,别迟到了。②我要赶紧找个工作。

赶快 gǎnkuài *adv.* quickly
【配】赶快回家
【例】①时间不早了,我们赶快走吧。②你赶快做作业吧。

感激 gǎnjī *v.* be grateful (to), be thankful (to)
【配】非常感激
【例】①对您的帮助我十分感激。②对大家的帮助我心中充满感激。

感受 gǎnshòu *v./n.* feel; feeling
【配】感受生活,感受很深
【例】①是朋友们让我感受到了生活的快乐。②请谈一谈您对这次事件的感受。

感想 gǎnxiǎng *n.* reflections, thoughts
【配】写感想
【例】①看了这篇文章,你有什么感想?②跟我们说说你对这部电影的感想吧。

干活儿 gànhuór *v.* work
【例】①他在这个工厂干活儿。②我正在干活儿,一会儿再跟你说话。

钢铁 gāngtiě *n.* iron and steel
【配】钢铁公司
【例】①制造轮船 (lúnchuán; steamer) 需要大量钢铁。②这家公司的钢铁产量很高。

高档 gāodàng *adj.* top-grade
【配】高档服装
【例】①这些高档商品都很贵。②这家宾馆很高档,位置也很好。

高级 gāojí *adj.* advanced, high-grade, senior
【配】高级课程,高级班
【例】①这是一辆高级轿车。②这本高级口语教材是小张的。

搞 gǎo *v.* do, make
【配】搞活动
【例】①他们正在搞一个庆祝活动。②他把衣服搞脏了。

告别 gàobié *v.* say goodbye to
【配】挥手告别，告别家乡
【例】①他告别了朋友们，独自去了一个小山村当老师。②他们握手告别。

格外 géwài *adv.* extraordinarily, especially
【配】格外高兴
【例】①你要格外小心呀。②这次活动她表现得格外出色。
【同】特别

隔壁 gébì *n.* next-door apartment/office/etc
【配】隔壁房间
【例】①他就住在我们家隔壁。②这是隔壁的王阿姨。

个别 gèbié *adv.* particularly
【配】个别照顾，个别辅导
【例】①他最近身体不舒服，大家都对他个别照顾。②我的口语不好，想找老师个别辅导一下。

个人 gèrén *n./pron.* individual; (used on formal occasions to refer to oneself)

【配】个人爱好，个人利益，个人行为
【例】①你不能只顾自己的个人利益。②我个人认为这样做是不对的。

个性 gèxìng *n.* individuality, personality
【配】个性强，有个性
【例】①成长环境对人的个性影响很大。②这个孩子个性很强。

各自 gèzì *pron.* each (of a group), oneself
【配】各自的特色，各自生活
【例】①他们有各自的说话风格。②他们在工作中充分发挥了各自的作用。

根 gēn *n./m.* root; (for long, thin objects)
【配】树根，一根头发，一根绳子
【例】①这棵树的根很深。②他手上拿着一根棍子。

根本 gēnběn *adj./adv.* basic; at all, totally
【配】根本原因，根本不行
【例】①造成这次事故的根本原因是管理有问题。②我根本就不明白你在说什么。③我根本没见过他。

工厂 gōngchǎng *n.* factory

【配】建工厂，工厂区
【例】①妈妈在一家工厂上班。②这家工厂产品的质量很好。

工程师 gōngchéngshī *n.* engineer
【配】高级工程师
【例】①他是这个项目的总工程师。②她是一名高级软件工程师。

工具 gōngjù *n.* tool
【配】交通工具
【例】①语言是最重要的交际工具。②汽车是一种交通工具。

工人 gōngrén *n.* worker
【配】技术工人
【例】①他爷爷是一位退休工人。②我父母都是普通的工人。

工业 gōngyè *n.* industry
【配】汽车工业，基础工业
【例】①这些工业产品都要出口。②工业的迅速发展带来了很多环境问题。

公布 gōngbù *v.* announce, publish
【配】公布消息，公布政策
【例】①考试成绩还没有公布。②国家公布了促进农业发展的政策。

公开 gōngkāi *adj./v.* open; make public
【配】公开行动，公开身份
【例】①他公开支持这种做法。②她公开了事情的真相 (zhēnxiàng; truth)。

公平 gōngpíng *adj.* fair, impartial
【配】公平竞争
【例】①这样对你太不公平了。②我们要公平对待每个人。

公寓 gōngyù *n.* flat, apartment
【配】公寓大楼
【例】①他住在公寓式旅馆 (lǚguǎn; hotel) 里。②我们学校新建的学生公寓很漂亮。

公元 gōngyuán *n.* Christian era
【配】公元前
【例】①孔子 (Kǒngzǐ; Confucius) 生活在公元前551年至公元前479年。②现在是公元21世纪。

公主 gōngzhǔ *n.* princess
【配】美丽的公主
【例】①她是一个骄傲的公主。②她在家里简直像个小公主。

功能 gōngnéng *n.* function
【配】语法功能,主要功能
【例】①这台机器的功能很多。②这是这个系统的主要功能。

恭喜 gōngxǐ *v.* congratulate
【配】恭喜发财
【例】①恭喜你顺利毕业!②新年快乐,恭喜发财!③听说你们上个月结婚了,恭喜恭喜啊!

贡献 gòngxiàn *n./v.* contribution; contribute
【配】做出贡献,贡献力量
【例】①他们为国家做出了巨大的贡献。②她把一生都贡献给了教育事业。

沟通 gōutōng *v.* communicate
【配】相互沟通,沟通思想
【例】①他们之间很少沟通。②这篇文章讲的是如何更好地与他人进行沟通。

构成 gòuchéng *v.* constitute, form
【配】构成句子
【例】①这些花草和小河构成了一幅美丽的图画。②这篇文章由三个部分构成。

姑姑 gūgu *n.* father's sister, aunt
【例】①你的姑姑真好！②她有一个姑姑在国外工作。

姑娘 gūniang *n.* girl, [Informal] daughter
【配】小姑娘
【例】①她是一位漂亮的姑娘。②他们家有一个姑娘和一个儿子。

古代 gǔdài *n.* ancient times
【配】古代文化，古代文明
【例】①他很喜欢研究古代历史。②在古代，人们的生活方式比较简单。
【扩】古老 (gǔlǎo; ancient)

古典 gǔdiǎn *adj.* classical
【配】古典音乐，古典文学
【例】①我喜欢听古典音乐。②中国有很多优秀的古典文学作品。

股票 gǔpiào *n.* share, stock
【配】股票市场，买卖股票
【例】①他大部分钱都用来买股票了。②这几天这家公司股票的价格一直在上涨。

骨头 gǔtou *n.* bone
【配】一根骨头
【例】①小狗喜欢吃骨头。②他的一根骨头摔断了。

鼓舞 gǔwǔ *v.* encourage, inspire
【配】鼓舞人心，受到鼓舞
【例】①他的精神将永远鼓舞着我们。②这次成功使她大受鼓舞。

鼓掌 gǔzhǎng *v.* applaud
【配】鼓掌欢迎，热烈鼓掌
【例】①他演讲完，大家都热烈鼓掌。②大家鼓掌对新同学表示欢迎。

固定 gùdìng *adj./v.* fixed; fix
【配】固定工作
【例】①她每次去教室都会坐固定的座位。②我们要把经营项目固定下来。

挂号 guàhào *v.* register
【配】挂号费，挂号信
【例】①医院里有很多人在排队挂号。②你有一封挂号信。

乖 guāi *adj.* clever, (of a child) well-behaved
【配】嘴乖，乖孩子
【例】①他现在学得乖多了。②这小孩很乖，大家都喜欢他。

拐弯 guǎiwān *v.* turn, turn round
【配】向左拐弯
【例】①车辆拐弯要慢点儿。②他性子直，说话不会拐弯。

怪不得 guàibude *adv.* no wonder
【例】①怪不得屋里这么冷，原来开着窗户。②原来她病了，怪不得今天没来上课。
【同】难怪

关闭 guānbì *v.* close, shut
【配】关闭机场，关闭商店
【例】①几家污染严重的工厂都被关闭了。②门窗关闭着。

观察 guānchá *v.* observe
【配】仔细观察，观察情况
【例】①他认真地观察了周围的环境。②这个问题还需要进行更仔细的观察研究。

观点 guāndiǎn *n.* view, viewpoint
【配】同意观点，观点明确
【例】①我不能理解你的观点。②这是一个正确的观点。

观念 guānniàn *n.* idea, concept
【配】传统观念，价值观念，错误观念
【例】①他是一个家庭观念很强的人。②几十年来人们的思想观念有了很大变化。

官 guān *n.* government official, official
【配】做官
【例】①他是一名外交官。②这是官方消息，绝对可靠。

管子 guǎnzi *n.* tube, pipe
【配】一根管子，水管子
【例】①这是一根很细的管子。②帮我拿一根塑料管子过来。

冠军 guànjūn *n.* champion

【配】世界冠军，获得冠军
【例】①她赢得了这次比赛的冠军。②他在这次奥运会 (Àoyùnhuì; Olympic Games) 上获得了游泳冠军。

光滑 guānghuá *adj.* smooth, glossy
【配】表面光滑
【例】①小孩子的皮肤非常光滑。②这是一种非常光滑的材料。
【反】粗糙

光临 guānglín *v.* [Polite] be present
【配】欢迎光临
【例】①欢迎各位顾客光临本商场 (shāngchǎng; shopping mall)。②我们非常感谢您的光临。

光明 guāngmíng *n./adj.* light; bright
【配】寻找光明，前途光明
【例】①太阳给我们带来光明和温暖。②这位年轻音乐家的前途一片光明。

光盘 guāngpán *n.* CD
【配】一张光盘，音乐光盘
【例】①我想借你的这张游戏光盘，可以吗？②这本书有配套 (pèitào; form a complete set) 的录音光盘。

广场 guǎngchǎng *n.* square, plaza
【配】天安门广场，商业广场
【例】①广场的中心有一个水池。②这里就是时代广场。

广大 guǎngdà *adj.* wide, vast
【配】广大地区
【例】①广大农村地区拥有 (yōngyǒu; have) 丰富的自然资源。②这部小说受到了广大读者的欢迎。

广泛 guǎngfàn *adj.* extensive, widespread
【配】广泛影响，兴趣广泛
【例】①她的兴趣非常广泛。②这种技术已经得到了广泛应用。

归纳 guīnà *v./n.* sum up; induction
【配】归纳重点，归纳法
【例】①你把大家的意见归纳起来。②这段话是对文章主题思想的归纳。

规矩 guīju *n./adj.* rule, manners; well-behaved
【配】遵守规矩，讲规矩
【例】①你们要按规矩办事。②他们的行为很规矩。

规律 guīlǜ *n.* law, regular pattern

【配】客观规律，自然规律
【例】①做事情要尊重客观规律。②她的生活很有规律。

规模 guīmó *n.* scale, scope
【配】扩大规模，形成规模
【例】①这次庆祝活动规模很大。②工厂还要扩大生产规模。

规则 guīzé *n./adj.* rule; regular
【配】游戏规则，遵守规则，规则的形状
【例】①我们要遵守交通规则。②这个图案的形状很不规则。
【扩】法则（fǎzé; rule, law）

柜台 guìtái *n.* counter
【配】商店柜台
【例】①你到银行柜台咨询一下吧。②这个柜台专门卖特价商品。

滚 gǔn *v.* roll, get away
【配】滚动，滚出去
【例】①球在地上滚来滚去。②你给我滚！

锅 guō *n.* pot, pan

【配】一口锅，铁锅
【例】①饭在锅里，你自己去拿吧。②我们家一般用铁锅炒菜。

国庆节 Guóqìng Jié *n.* National Day
【配】国庆节假期，庆祝国庆节
【例】①中国的国庆节是每年的 10 月 1 日。②今年国庆节，我要去上海玩。

国王 guówáng *n.* king
【配】一位国王
【例】①这个国家的国王下个月要来中国访问。②他是历史上最受欢迎的国王。

果然 guǒrán *adv.* really, as expected
【配】果然如此
【例】①他说今天下雨，果然是这样。②我猜你在这里，你果然在。

果实 guǒshí *n.* fruit, fruits
【配】植物的果实，胜利果实
【例】①树上结 (jiē; bear) 了很多小果实。②我们要珍惜自己的劳动果实。

过分 guòfèn *adj.* excessive, going too far

【配】过分自信，过分谦虚
【例】①你不要过分麻烦人家。②你这个要求太过分了，我不会同意的。

过敏 guòmǐn *v.* be sensitive to
【配】皮肤过敏，过敏反应
【例】①他对这种药过敏。②她有点儿皮肤过敏。

过期 guòqī *v.* be overdue
【配】过期报纸，过期食品
【例】①这里有一本过期的杂志。②这个水果罐头快过期了。

H

哈 hā *interj./v.* (expressing triumph or satisfaction); breathe out
【配】哈哈，哈气
【例】①哈哈，我猜对了。②一个小孩正在往玻璃上哈气。

海关 hǎiguān *n.* customs
【配】海关检查
【例】①旅客要通过海关的检查才能入境 (rùjìng; enter a country)。②出口商品需要办理海关手续。

海鲜 hǎixiān *n.* seafood
【配】海鲜餐厅,海鲜产品
【例】①我很喜欢吃海鲜。②我们去海鲜市场看看吧。

喊 hǎn *v.* shout, call
【配】喊叫,大喊
【例】①我大声地喊出她的名字。②你去把小王喊过来。

行业 hángyè *n.* profession, industry
【配】建筑行业,服务行业
【例】①你从事什么行业?②每个行业都有自己的特点。

豪华 háohuá *adj.* luxurious
【配】豪华餐厅
【例】①这是一家豪华宾馆。②这个房间非常豪华。

好客 hàokè *adj.* hospitable
【配】很好客
【例】①这个地区的人民热情好客。②好客的主人把我们迎到了屋里。

好奇 hàoqí *adj.* curious
【配】好奇的目光,感到好奇
【例】①小孩子对什么东西都感到好奇。②对未来的世界，她心里充满了好奇。

合法 héfǎ *adj.* legal, lawful
【配】合法权利，合法行为
【例】①这是他们的合法收入。②你这样做是不合法的。

合理 hélǐ *adj.* reasonable, rational
【配】合理使用，合理安排
【例】①他提出了合理的建议。②我们要合理利用资源。

合同 hétóng *n.* contract
【配】一份合同，签合同
【例】①这是一份无效的合同。②请在合同上签字吧。

合影 héyǐng *v./n.* take a group photo; group photo
【配】一起合影，一张合影
【例】①师生们在毕业典礼 (diǎnlǐ; ceremony) 上合影留念 (liúniàn; do as a memento)。②这是我们全家人的合影。

合作 hézuò *v.* cooperate, work together
【配】技术合作，合作愉快
【例】①他表示愿意与我们合作。②我们要加强业务合作。

何必 hébì *adv.* why, there is no need
【例】①开个玩笑,何必当真呢? ②会议十点才开,何必去那么早?

何况 hékuàng *conj.* let alone, moreover
【例】①他的脚受伤了,走路都困难,何况是跑。②她没怎么吃是因为她本来就不喜欢那里的饭菜,何况她当时还不太舒服。

和平 hépíng *n.* peace
【配】热爱和平,和平的环境
【例】①只有在和平环境中,人们才能过安宁的生活。②我们主张用和平的方式解决这个问题。

核心 héxīn *n.* nucleus, core
【配】核心人物,核心技术
【例】①我们要努力解决这个核心问题。②我们掌握了这种产品的核心技术。

恨 hèn *v.* hate, resent
【配】恨得要命
【例】①她一定非常恨我。②恨并不能解决问题。

猴子 hóuzi *n.* monkey

【配】一只猴子，一群猴子
【例】①我们在山上看到一群猴子。②猴子很机灵。

后背 hòubèi *n.* back (of the human body)
【配】拍后背，后背疼
【例】①空调吹得我后背发凉。②他打球打得后背上的衣服都湿了。③太热了，后背上全是汗。
【扩】背后（bèihòu; behind, back）

后果 hòuguǒ *n.* consequence, aftermath
【配】严重的后果，承担后果
【例】①这可能会造成严重的后果。②做违法的事是要承担后果的。

呼吸 hūxī *v.* breathe
【配】深呼吸，呼吸困难
【例】①她感到呼吸困难。②到外面来呼吸一下新鲜空气吧。

忽然 hūrán *adv.* suddenly
【例】①我们正在上课，忽然闯进来一个人。②他刚出门，忽然想起没带钥匙，又回去了。

忽视 hūshì *v.* neglect, ignore

【配】忽视困难，不可忽视
【例】①忽视安全问题，后果将会很严重。②我们忽视了学生的真正需求。

胡说 húshuō *v.* talk nonsense
【配】别胡说
【例】①你在胡说什么呢？②他们胡说的，别当真。

胡同 hútòng *n.* lane, alley
【配】北京胡同
【例】①胡同口有卖早餐的。②我喜欢逛北京的胡同。

壶 hú *n.* kettle, pot
【配】茶壶，暖壶
【例】①我需要一个水壶。②她手里拿着一把暖壶。

蝴蝶 húdié *n.* butterfly
【配】一只蝴蝶
【例】①一群美丽的蝴蝶在花上飞来飞去。②那只蝴蝶真好看。

糊涂 hútu *adj.* bewildered, muddled
【配】真糊涂，装糊涂
【例】①她越解释，我越糊涂。②我真的太糊涂了，这件事都忘记了。

花生 huāshēng *n.* peanut
【配】花生米
【例】①花生的营养价值很高。②我朋友很喜欢吃花生。

划 huá *v.* paddle, row
【配】划船,划水
【例】①周末我们去北海公园划船吧。②游泳的时候,他划水的动作很标准。

华裔 huáyì *n.* foreign citizen of Chinese origin
【例】①他是一位华裔。②她是著名的华裔科学家。

滑 huá *v./adj.* slip, slide; slippery
【配】滑雪,滑冰,滑倒
【例】①地上有水,小心别滑倒。②每年都有很多人去瑞士 (Ruìshì; Switzerland) 滑雪。③路面结冰了很滑,开车小心点儿。

化学 huàxué *n.* chemistry
【配】化学反应
【例】①这些化学物质有毒 (yǒudú; poisonous)。②他

喜欢做化学实验。

话题 huàtí *n.* topic of a conversation
【配】关心的话题
【例】①我不想再跟她谈论这个话题。②这是大家现在都很关心的话题。

怀念 huáiniàn *v.* cherish the memory of, think of
【配】怀念过去，怀念朋友
【例】①我们将永远怀念他们。②我常常怀念过去的日子。

怀孕 huáiyùn *v.* be pregnant, conceive
【例】①她怀孕了。②怀孕期间不可以乱吃药品。

缓解 huǎnjiě *v.* alleviate, ease up
【配】缓解压力，缓解疼痛 (téngtòng; pain)
【例】①这样做可以缓解彼此的矛盾。②做一些简单的运动可以帮你缓解紧张的情绪。
【扩】缓慢 (huǎnmàn; sluggish)

幻想 huànxiǎng *n./v.* illusion; fancy, dream
【配】抱有幻想
【例】①他还对她能改变态度抱有幻想。②我幻想自己能长上翅膀自由地飞翔 (fēixiáng; fly)。

慌张 huāngzhāng *adj.* flustered, flurried
【配】十分慌张
【例】①你怎么这么慌张？②不要慌张，不然容易出错。

黄金 huángjīn *n./adj.* gold; golden
【配】黄金季节，黄金时间
【例】①现在黄金越来越贵了。②二三十岁是人生的黄金时期。

灰 huī *adj.* grey
【配】灰墙，灰顶，灰色的衣服
【例】①他买了一辆灰色的车。②这顶灰帽子比较适合爸爸。

灰尘 huīchén *n.* dust, dirt
【配】打扫灰尘
【例】①空气里有很多灰尘。②请帮我把窗台 (chuāngtái; windowsill) 上的灰尘擦掉。

灰心 huīxīn *adj.* lose heart
【配】不要灰心
【例】①别灰心，你一定能成功的！②虽然失败了，但他并不灰心。

挥 huī *v.* wave, wield
【配】挥手
【例】①他不停地向我挥手。②她大笔一挥,很快就写好了。

恢复 huīfù *v.* resume, recover, restore
【配】恢复自由,恢复健康,恢复秩序
【例】①你身体恢复得怎么样?②市场秩序很快就恢复正常了。

汇率 huìlǜ *n.* exchange rate
【配】人民币汇率
【例】①现在人民币兑 (duì; exchange) 美元的汇率是多少?②这次汇率改革很重要。
【扩】概率(gàilǜ; chance, probability)

婚礼 hūnlǐ *n.* wedding, marriage ceremony
【配】一场婚礼,参加婚礼
【例】①他们在这个月举行婚礼。②他们的婚礼很简单。

婚姻 hūnyīn *n.* marriage
【配】婚姻关系,婚姻自由

【例】①婚姻幸福需要两个人的共同努力。②这是一项对年轻人婚姻状况的调查。

活跃 huóyuè *adj./v.* active; animate, activate
【配】思想活跃，活跃气氛
【例】①她是我们班最活跃的人。②主持人的任务之一就是活跃气氛。

火柴 huǒchái *n.* match
【配】一根火柴，火柴盒
【例】①桌子上有一盒火柴。②他擦亮了一根火柴，看了看周围的环境。

伙伴 huǒbàn *n.* partner, companion
【配】伙伴关系
【例】①我们是工作上的伙伴。②他们是一起长大的好伙伴。
【扩】陪伴（péibàn; accompany）
同伴（tóngbàn; companion）

或许 huòxǔ *adv.* maybe, perhaps
【配】或许如此
【例】①事情或许是这样的吧。②他或许会来吧。

J

机器 jīqì *n.* machine
【配】机器设备,制造机器
【例】①你会操作 (cāozuò; operate) 这种机器吗? ②这台机器已经安装好,可以开始工作了。

肌肉 jīròu *n.* muscle
【配】锻炼肌肉
【例】①你要注意锻炼腿部肌肉。②他胳膊上的肌肉很发达。

基本 jīběn *adj./adv.* basic; basically, in the main
【配】基本要求,基本相同
【例】①这是我们正常工作的基本条件。②我基本同意他的观点,只是有几个小问题还需要再商量。

激烈 jīliè *adj.* violent, fierce
【配】竞争激烈
【例】①这次比赛的竞争很激烈。②他们还在激烈地讨论那个话题。

及格 jígé *v.* pass (a test, an examination, etc)
【配】考试及格,不及格

【例】①这次考试有很多人不及格。②我才刚刚及格。

极其 jíqí *adv.* extremely
【配】极其优秀
【例】①这次考试没考好,他极其伤心。②这部电影极其感人。

急忙 jímáng *adv.* hurriedly, hastily
【配】急忙离开
【例】①她急忙解释说事情不是这样的。②上课铃响了,他急忙走进教室。

急诊 jízhěn *n.* emergency treatment
【配】急诊室,看急诊,挂急诊
【例】①她肚子痛得厉害,必须马上去医院看急诊。②这个医院的急诊病人真多。

集合 jíhé *v.* assemble, gather
【配】集合起来
【例】①今天下午5点,大家在校门口集合。②这部电影集合了很多大牌明星。

集体 jítǐ *n.* collective
【配】集体生活

【例】①你们要有集体观念,不要总迟到。②这次成功是集体努力的结果。

集中 jízhōng *v.* concentrate, put together
【配】集中精力,集中力量
【例】①你要集中精力,认真听课。②我们要集中力量先完成这个任务。
【扩】收集 (shōují; collect, gather)

计算 jìsuàn *v.* count, calculate
【配】计算重量,计算方法
【例】①请计算一下这次活动的费用。②这道题还有更简单的计算方法。

记录 jìlù *v./n.* record; record, minutes
【配】记录下来,详细记录
【例】①她详细地记录下每天的天气变化情况。②这是上次会议的记录。

记忆 jìyì *n.* memory
【配】童年 (tóngnián; childhood) 的记忆,恢复记忆
【例】①在我的记忆中,她一直是一个温柔的人。②他年纪大了,很多记忆已经模糊了。

纪录 jìlù *n.* record
【配】破纪录,世界纪录
【例】①他在这个项目上打破了世界纪录。②她创造了新的世界纪录。

纪律 jìlù *n.* discipline
【配】遵守纪律,违反纪律
【例】①学校要求同学们遵守纪律。②公司有严格的纪律。

纪念 jìniàn *v./n.* commemorate; memento
【配】纪念活动,留作纪念
【例】①为了纪念这位伟大的人物,每年的这一天人们都会举办一些纪念活动。②这是我的照片,留给你作为纪念吧。
【扩】纪念品(jìniànpǐn; souvenir)

系领带 jì lǐngdài wear a tie
【例】①你可以教我系领带吗?我还不会。②他今天系了一条红色的领带。

寂寞 jìmò *adj.* lonely, lonesome
【配】感到寂寞
【例】①她经常感到十分寂寞。②他就算整天一个人待着也不觉得寂寞。

夹子 jiāzi *n.* clip, peg, folder
【配】衣服夹子
【例】①你帮我拿两个夹子来把衣服夹上。②桌上有个文件夹子。

家庭 jiātíng *n.* family
【配】组成家庭，家庭生活
【例】①他把家庭看得比什么都重要。②这是一个幸福的大家庭。

家务 jiāwù *n.* household chores
【配】做家务，家务劳动
【例】①家务应该一起做，不能只让一个人干。②她每天下班回家还要做很多家务，很辛苦。

家乡 jiāxiāng *n.* hometown, native place
【配】美丽的家乡，离开家乡
【例】①我想回家乡看看。②我们要一起支持家乡的经济建设。

嘉宾 jiābīn *n.* distinguished guest
【例】①他作为嘉宾出席了这次宴会。②这次节目来了一位特别的嘉宾。

甲 jiǎ *n.* first, shell
【配】甲等，龟 (guī; tortoise) 甲
【例】①甲级词是最常用的词。②很早以前，人们把字写在龟甲上。

假如 jiǎrú *conj.* if, supposing
【例】①假如明天下雨，这个活动就只能取消了。②假如有另外一个世界，我想去那儿看看。

假设 jiǎshè *v./n.* suppose; hypothesis
【例】①我们假设这些条件都满足了，结果会是什么？②这完全是一种错误的假设。

假装 jiǎzhuāng *v.* feign, pretend
【配】假装生病，假装高兴
【例】①她假装生气，其实很开心。②他还是假装听不见，继续做自己的事情。

价值 jiàzhí *n.* value, worth
【配】价值观念，社会价值
【例】①这项技术很有商业价值。②这幅画的艺术价值很高。

驾驶 jiàshǐ *v.* drive, pilot
【配】驾驶技术,驾驶汽车
【例】①他们轮流驾驶这辆车。②这是一种无人驾驶飞机。
【扩】驾驶员(jiàshǐyuán; driver)
驾照(jiàzhào; driving licence)

嫁 jià *v.* (of a woman) marry
【配】嫁人,出嫁
【例】①她嫁了一位医生。②公主最后嫁给了王子。
【反】娶

坚决 jiānjué *adj.* firm, resolute
【配】态度坚决,坚决反对
【例】①她在这个问题上的态度很坚决。②我坚决支持你的观点。

坚强 jiānqiáng *adj.* firm, strong
【配】坚强的性格
【例】①她是一个非常坚强的女孩。②他虽然身体有残疾,但是很坚强。

肩膀 jiānbǎng *n.* shoulder
【配】拍肩膀

【例】①他从后面拍了拍我的肩膀。②父亲的肩膀很宽。

艰巨 jiānjù *adj.* formidable, arduous
【配】艰巨的任务
【例】①我们一定要完成这项艰巨的工程。②这个任务太艰巨了，他一个人很难完成。

艰苦 jiānkǔ *adj.* hard, difficult
【配】生活艰苦，艰苦奋斗
【例】①他在艰苦的环境中长大。②他们的工作条件很艰苦。

兼职 jiānzhí *n./v.* part-time job; hold a concurrent post
【配】找兼职，兼职老师
【例】①他在校外有两个兼职。②这位是我们的兼职老师。

捡 jiǎn *v.* pick up, collect
【配】捡东西
【例】①他把掉在地上的东西捡了起来。②她昨天在路上捡到一个钱包。

剪刀 jiǎndāo *n.* scissors

【配】一把剪刀
【例】①这把剪刀很好用。②这是一把普通的小剪刀。

简历 jiǎnlì *n.* résumé
【配】个人简历，工作简历
【例】①他看了我的简历，觉得还不错。②要毕业了，同学们都在做简历。

简直 jiǎnzhí *adv.* simply, at all
【例】①他感动得简直要哭出来了。②这事发生得太突然了，我简直不敢相信。

建立 jiànlì *v.* establish, found
【配】建立组织，建立联系
【例】①这两个公司建立了合作关系。②国家建立了自然保护区来保护这些动物。

建设 jiànshè *v./n.* construct, build; construction
【配】经济建设，建设方案
【例】①我们要努力建设自己的家园。②经济建设和文化建设都很重要。

建筑 jiànzhù *n./v.* building; build, construct
【配】建筑公司，建筑公路

【例】①这是一座古老的建筑。②现在很多地方都在建筑高楼。

健身 jiànshēn *v.* build up one's body, keep fit
【配】健身教练,健身运动
【例】①我每周去健身五次。②他给自己制订了一个健身减肥计划。

键盘 jiànpán *n.* keyboard
【配】手机键盘
【例】①请用键盘输入这几个字母。②这是一个计算机 (jìsuànjī; computer) 键盘。

讲究 jiǎngjiu *v./adj.* be particular about; exquisite
【配】讲究卫生,非常讲究
【例】①工作要讲究实际效果。②她穿衣服很讲究。

讲座 jiǎngzuò *n.* lecture
【配】听讲座
【例】①很多人来听这个讲座。②这是一场很有意义的安全知识讲座。

酱油 jiàngyóu *n.* soy sauce
【配】一瓶酱油

【例】①这种酱油特别咸。②菜里要少放酱油。

交换 jiāohuàn *v.* exchange
【配】交换礼物，交换位置
【例】①他们就很多问题交换了意见。②我希望能与你交换名片。

交际 jiāojì *v.* associate, communicate
【配】交际能力，进行交际
【例】①语言是人类最重要的交际工具。②她不太善于交际。

交往 jiāowǎng *v.* associate (with), contact
【配】交往频繁，停止交往
【例】①请你不要再和他交往了。②他和她最近交往频繁。

浇 jiāo *v.* water, pour liquid on
【配】浇水，浇花
【例】①你要记得给花浇水。②这种植物三天浇一次水。

胶水 jiāoshuǐ *n.* glue
【配】一瓶胶水
【例】①你要用胶水才能粘贴住照片。②这种特殊的胶水不能随便用。

角度 jiǎodù *n.* point of view, angle
【配】新角度，不同角度
【例】①她看问题的角度总是很特别。②我们可以从不同的角度来看这个问题。

狡猾 jiǎohuá *adj.* sly, crafty
【配】狡猾的敌人
【例】①敌人虽然狡猾，但还是被我们打败了。②这人很狡猾，你要小心。

教材 jiàocái *n.* teaching material, textbook
【配】汉语教材，出版教材
【例】①这是专门给初级学生用的教材。②我们要选择最合适的教材进行教学。

教练 jiàoliàn *n.* coach
【配】游泳教练，担任教练
【例】①他是排球队的教练。②这位教练教得很好。

教训 jiàoxùn *n./v.* lesson; teach sb a lesson
【配】吸取 (xīqǔ; draw) 教训，教训孩子
【例】①你要吸取教训，不要再犯类似的错误。②她

经常动不动就教训别人。

阶段 jiēduàn *n.* phase, stage, period
【配】高级阶段，历史阶段
【例】①这个项目目前还处于准备阶段。②人们在不同的人生阶段会有不同的目标。

结实 jiēshi *adj.* strong, firm, solid
【配】结实的家具
【例】①这个孩子的身体长得很结实。②我的书桌很结实。

接触 jiēchù *v.* come into contact with, get in touch with
【配】直接接触
【例】①这项工作可以让你接触到很多人和事。②我还没有接触过这方面的知识。

接待 jiēdài *v.* receive
【配】接待客人
【例】①她负责接待嘉宾。②他们热情地接待了我。

接近 jiējìn *v./adj.* draw near, approach; close
【配】接近目标
【例】①工作已接近完成。②他们俩这次考试的成绩很接近。

节省 jiéshěng *v.* save, economise
【配】节省时间,节省资源
【例】①这样可以节省一些钱。②改进方法后,我们的工作时间节省了一半。

结构 jiégòu *n.* structure
【配】经济结构,结构合理
【例】①这座建筑的结构很有特点。②这篇文章的结构很简单。

结合 jiéhé *v.* combine, integrate
【配】结合实际
【例】①理论必须与实践相结合。②他把这两种方法结合起来了。

结论 jiélùn *n.* conclusion
【配】下结论,得出结论
【例】①这个结论是经过仔细调查才得出的。②那件事到现在还没有结论。

结账 jiézhàng *v.* settle accounts
【配】现金结账

【例】①这家店可以用信用卡结账。②她一吃完饭就结账离开了。

戒 jiè *v.* give up, abstain from
【配】戒烟，戒酒
【例】①生病以后，他就把烟戒了。②她的家人希望她戒酒。

戒指 jièzhi *n.* ring
【配】一枚(méi; *m.*)戒指，戴戒指
【例】①她的结婚戒指很漂亮。②他送给我一枚很贵的戒指。

届 jiè *m.* session, class (for meetings, graduating classes, etc)
【配】第一届，本届
【例】①这是第十一届全国运动会。②他是这个学校2011届毕业生。

借口 jièkǒu *n.* excuse
【配】找借口
【例】①我不想听你们的任何借口。②他找了个借口离开了。

金属 jīnshǔ *n.* metal
【配】金属材料
【例】①金属制品 (zhìpǐn; ware) 在我们的日常生活中随处可见。②这是用金属材料做成的。

尽量 jǐnliàng *adv.* as far as possible
【配】尽量快，尽量做好
【例】①请大家尽量多发表意见。②我会尽量早点儿到。

紧急 jǐnjí *adj.* urgent, pressing
【配】紧急任务
【例】①这是一个紧急行动。②在遇到紧急情况时需要采取紧急措施。

谨慎 jǐnshèn *adj.* careful, cautious
【配】小心谨慎
【例】①她是个谦虚谨慎的人。②放心吧，我会更加谨慎地处理这件事的。

尽力 jìnlì *v.* try one's best
【配】尽力帮忙
【例】①我们已经尽力了。②她会尽力去做这件事的。

进步 jìnbù *v.* improve, make progress

【配】取得进步,学习进步
【例】①他这学期取得了很大的进步。②她数学进步很快。
【反】退步

进口 jìnkǒu *v.* import
【配】进口商品
【例】①这些食品都是从国外进口的。②这个工厂需要进口一些原材料。

近代 jìndài *n.* modern times
【配】近代历史
【例】①在近代,工业有了很大的发展。②他是中国近代史上的一位著名科学家。

经典 jīngdiǎn *adj./n.* classical; classic
【配】经典作品,经典音乐
【例】①这是一首很经典的歌曲。②这部小说被认为是文学史上的经典。

经商 jīngshāng *v.* be in business
【配】经商挣钱
【例】①他从年轻的时候就开始经商了。②他靠经商发了财。

经营 jīngyíng *v.* run, operate
【配】经营企业
【例】①他在努力经营这个工厂。②他们的经营方式值得我们学习。

精力 jīnglì *n.* energy, vigour
【配】集中精力，浪费精力
【例】①这项工作花了我很多精力。②上课要集中精力。

精神 jīngshén *n.* spirit, mind
【配】创新精神，精神饱满
【例】①要学好外语我们必须有吃苦的精神。②完成这个任务需要每个人都有合作精神。

酒吧 jiǔbā *n.* bar
【配】去酒吧
【例】①我们学校旁边有几个酒吧。②周末我们去酒吧喝酒吧。

救 jiù *v.* rescue, save
【配】救命，得救
【例】①一定要把他救出来。②在大家的努力下，她终于被救醒了。

救护车 jiùhùchē *n.* ambulance
【配】叫救护车，一辆救护车
【例】①有人受伤了，快叫救护车吧。②前面来了一辆救护车。

舅舅 jiùjiu *n.* mother's brother
【例】①我舅舅是个老师。②我喜欢和舅舅一起出去玩。

居然 jūrán *adv.* unexpectedly, to one's surprise
【例】①真没想到，他居然会做出这样的事情来。②她居然不记得我的名字了。
【同】竟然

橘子 júzi *n.* tangerine
【配】橘子汁
【例】①妈妈买了很多橘子。②我喜欢吃橘子。

巨大 jùdà *adj.* huge, tremendous
【配】巨大的成功，巨大的变化
【例】①她在这方面取得了巨大的成就。②这对我来说是一个巨大的挑战。

具备 jùbèi *v.* possess, have

【配】具备条件，具备资格
【例】①参加这次比赛需要具备很多条件。②他还不具备当医生的资格。

具体 jùtǐ *adj.* concrete, specific
【配】具体方案
【例】①跟我们说说你的具体计划吧。②请把开会的具体时间告诉我。
【反】抽象

俱乐部 jùlèbù *n.* club
【配】加入俱乐部，足球俱乐部
【例】①她最近加入了一个读书俱乐部。②他们是同一个足球俱乐部的。

据说 jùshuō *v.* it is said (that), they say (that)
【例】①据说他最近搬家了。②据说，当时的情况是这样的。

捐 juān *v.* donate
【配】捐款
【例】①他向贫困 (pínkùn; destitute) 地区捐了很多钱。②她捐钱在这里建了一所小学。

决赛 juésài *n.* finals

【配】进入决赛
【例】①他终于进入了决赛。②今天晚上要举行网球决赛。

决心 juéxīn *v./n.* be determined (to do sth); determination
【配】下决心
【例】①他决心要把烟戒掉。②她下决心要坚持下去。

角色 juésè *n.* role
【配】重要角色
【例】①她一人演两个角色。②他在这部电影里演一个重要角色。

绝对 juéduì *adv.* absolutely
【配】绝对正确，绝对可靠
【例】①这个答案绝对正确。②我绝对相信他。

军事 jūnshì *n.* military affairs
【配】军事行动
【例】①这是一座军事博物馆。②他喜欢看军事节目。

均匀 jūnyún *adj.* even, well-distributed
【配】分布均匀，呼吸均匀
【例】①今年的雨水很均匀。②水资源在世界上的分布很不均匀。

K

卡车 kǎchē *n.* truck
【例】①一辆卡车从旁边开了过去。②他是一位卡车司机。

开发 kāifā *v.* open up, develop, exploit
【配】开发新技术,开发资源
【例】①他们正在努力开发新产品。②现在各国都在积极开发新能源。

开放 kāifàng *v./adj.* bloom, open; optimistic
【配】花朵开放,对外开放,思想开放
【例】①公园里好多花都开放了。②中国的改革开放取得了很大成就。③他思想开放,可以理解很多不同的想法。

开幕式 kāimùshì *n.* opening ceremony
【配】运动会开幕式
【例】①奥运会的开幕式表演很精彩。②出席开幕式的嘉宾都已经到了。
【反】闭幕式

开水 kāishuǐ *n.* boiled water, boiling water
【配】喝开水
【例】①这是开水,小心烫手。②他倒了一杯开水。

砍 kǎn *v.* cut
【配】砍树
【例】①他小时候经常上山砍柴 (chái; firewood)。②一棵树被砍倒了。

看不起 kànbuqǐ *v.* look down upon
【配】看不起人
【例】①他太骄傲,总看不起别人。②别看不起这本小字典,它能帮助我们解决很多问题。

看望 kànwàng *v.* visit, call on
【配】看望老师,看望家人
【例】①我们打算去看望生病的老师。②你回来是为了看望家人,还是为了处理其他事情?

靠 kào *v.* lean against/on
【配】背靠背,靠在墙上
【例】①地铁上没有座位了,他只能靠门站着。②她把头靠在男朋友的肩上睡着了。

颗 kē *m.* (for things small and roundish)
【配】一颗花生，一颗子弹 (zǐdàn; bullet)
【例】①他被打落了两颗牙齿。②希望我们每个人都有一颗善良的心。

可见 kějiàn *conj.* it is thus clear that
【例】①她连续打了好几个电话，可见情况十分紧急。②他一听说你的消息就马上过来了，可见他很关心你。

可靠 kěkào *adj.* reliable, dependable
【配】可靠的朋友，可靠的消息
【例】①我确定他们是很可靠的人。②这条消息不可靠，我们不能相信。

可怕 kěpà *adj.* fearful, frightful
【配】可怕的景象 (jǐngxiàng; scene)
【例】①那儿发生了一件可怕的事情。②看到这可怕的景象，她晕了过去。

克 kè *m.* gram
【配】一克黄金
【例】①你要买几克种子 (zhǒngzi; seed)？②一公斤等于一千克。

克服 kèfú *v.* overcome, conquer
【配】克服缺点，克服困难
【例】①你要努力克服这些缺点。②这里的条件不太好，你要做好克服困难的准备。

刻苦 kèkǔ *adj.* assiduous, hardworking
【配】学习刻苦
【例】①他学习十分刻苦。②他们要进行更加刻苦的训练。

客观 kèguān *n./adj.* objectivity; objective, impersonal
【配】客观存在，客观事物，客观的态度
【例】①这是一个客观规律，不能改变。②他看问题比较客观。
【反】主观

课程 kèchéng *n.* course, curriculum
【配】一门课程，大学课程
【例】①学校给我们安排了很多课程。②我们学完了这学期的全部课程。

空间 kōngjiān *n.* room, space
【配】节省空间，发展空间
【例】①我想要属于自己的自由空间。②在这里你会有很大的发展空间。

空闲 kòngxián *adj./n.* free; free time, leisure
【配】空闲时间
【例】①他很忙,几乎没有空闲时间。②她一有空闲就上网聊天。

控制 kòngzhì *v.* control
【配】控制感情
【例】①我控制不住自己的感情,哭了起来。②歹徒(dǎitú; gangster)已经被警察控制住了。

口味 kǒuwèi *n.* one's taste, flavour of food
【配】不同口味
【例】①这道菜很合我的口味。②你喜欢什么口味的蛋糕?

夸 kuā *v.* praise
【例】①他们都夸他很勇敢。②大家都夸她学习刻苦。

夸张 kuāzhāng *adj.* exaggerated, overstated
【配】毫不夸张,夸张地说
【例】①毫不夸张地说,这是我听过的最好听的音乐。②他的模仿表演有点儿夸张。

【扩】夸大（kuādà; exaggerate）

会计 kuàijì *n.* accounting; accountant
【例】①他很喜欢做会计工作。②我们这里需要三名会计。

宽 kuān *adj.* wide, broad
【配】很宽
【例】①这条马路有10米宽。②我的床很宽。
【反】窄

昆虫 kūnchóng *n.* insect
【配】昆虫学家，观察昆虫
【例】①他喜欢观察昆虫。②森林里有许多昆虫。

扩大 kuòdà *v.* expand, enlarge
【配】扩大范围，继续扩大
【例】①这几年公司的规模不断扩大。②这次事故的影响还在继续扩大。
【反】缩小（suōxiǎo）

L

辣椒 làjiāo *n.* hot pepper
【配】红辣椒，三个辣椒

【例】①她特别爱吃辣椒。②这个辣椒太辣了!

拦 lán *v.* block, bar
【配】拦住
【例】①你想去哪里就去吧,我不会拦你。②她刚要出门,就被她哥哥拦住了。

烂 làn *adj.* soft, rotten, worn-out
【配】煮烂,烂苹果,烂纸片
【例】①这个菜煮得很烂。②葡萄很容易烂掉。③你把这衣服都洗烂了。

朗读 lǎngdú *v.* read aloud, read loudly and clearly
【配】朗读课文,练习朗读
【例】①你来朗读课文。②他们正在练习朗读的技巧。

劳动 láodòng *n./v.* work, labour; do physical labour
【配】家务劳动,参加劳动,艰苦地劳动
【例】①我们要热爱劳动。②有劳动才会有收获。③他正在地里劳动。

劳驾 láojià *v.* [Polite] excuse me, may I trouble you
【配】劳驾一下
【例】①劳驾,请让让路。③劳驾,请把那本书递给我。

老百姓 lǎobǎixìng *n.* ordinary people, civilians
【配】老百姓的生活
【例】①这些年,老百姓的生活有了很大改善。②你要理解我们老百姓的心情。

老板 lǎobǎn *n.* boss
【配】公司老板
【例】①我们老板很严格。②她是一家大公司的老板。

老婆 lǎopo *n.* wife
【配】娶老婆
【例】①他工作很忙,有时候周末也不能陪老婆和孩子。②今天是我和我老婆的结婚纪念日。

老实 lǎoshi *adj.* honest, frank
【配】老实人,老实说
【例】①这个人很老实。②老实说,我是受到了他的影响。

老鼠 lǎoshǔ *n.* mouse
【配】老鼠洞
【例】①老鼠偷吃了我们的面包。②我们家厨房好像有只老鼠。

姥姥 lǎolao *n.* (maternal) grandmother
【例】①我要去姥姥家一趟。②我很爱我的姥姥。

乐观 lèguān *adj.* optimistic
【配】乐观的态度
【例】①她一直保持着乐观的情绪。②他是一个乐观的人。
【反】悲观

雷 léi *n.* thunder
【配】打雷，雷电
【例】①打雷了，马上要下雨了。②今天有雷雨。

类型 lèixíng *n.* type, sort, category
【配】三种类型，类型多样
【例】①各种不同类型的歌我都喜欢。②这个公司的产品可分为五种类型。
【扩】体型 (tǐxíng; body type)

冷淡 lěngdàn *adj./v.* cold, indifferent; treat coldly
【配】很冷淡，生意冷淡
【例】①我觉得他非常冷淡，不好相处。②你不要冷淡了客人。

厘米 límǐ *m.* centimetre
【例】①1米等于100厘米。②他的身高是180厘米。

离婚 líhūn *v.* divorce
【配】提出离婚
【例】①他们已经离婚了。②我不想和你离婚。

梨 lí *n.* pear
【配】雪梨，梨树
【例】①我想去超市买几个梨。②女儿很喜欢吃梨。

理论 lǐlùn *n.* theory
【配】提出理论，理论学习
【例】①这次学习丰富了我们的理论知识。②他是专门研究文学理论的。

理由 lǐyóu *n.* reason, cause
【配】理由充分
【例】①你这样做的理由是什么？②我没有理由不相信你。

力量 lìliàng *n.* physical strength, power
【配】贡献力量
【例】①我要靠自己的力量克服这个困难。②知识就是力量。

立即 lìjí *adv.* immediately, instantly
【配】立即出发
【例】①我们要立即行动了。②她一看见妈妈,立即高兴地跑了过去。

立刻 lìkè *adv.* immediately, at once
【配】立刻回答
【例】①请立刻做出回答。②你必须立刻就去。

利润 lìrùn *n.* profit
【配】企业利润,产生利润
【例】①我们要找出工厂利润下降的原因。②这个行业的利润不是很高。

利息 lìxī *n.* interest
【配】存款利息,贷款利息
【例】①这些钱是您存款的利息。②他们每个月都要支付一定的贷款利息。

利益 lìyì *n.* benefit, interest
【配】个人利益,经济利益
【例】①我们要维护普通老百姓的利益。②他这样做是为了自己的个人利益。
【扩】受益 (shòuyì; benefit from)

利用 lìyòng *v.* use, make use of
【配】合理利用，利用资源
【例】①你要充分利用业余时间提高自己的英语水平。②我们要合理利用自然资源。

连忙 liánmáng *adv.* promptly, hurriedly
【配】连忙回家
【例】①他知道自己错了，连忙道歉。②听说孩子病了，她连忙赶回家。

连续 liánxù *v.* go on continuously
【配】连续三天，连续五次
【例】①这雨已经连续下了好几天了。②我们队连续三年获得了乒乓球比赛冠军。

联合 liánhé *v./adj.* unite; joint, combined
【配】加强联合，联合举办
【例】①我们要联合起来对抗敌人。②这是他们联合发表的报告。

恋爱 liàn'ài *v.* be in love

【配】恋爱自由，谈恋爱
【例】①恋爱的过程是美好幸福的。②他们俩现在在谈恋爱。

良好 liánghǎo *adj.* good, fine
【配】良好的基础，成绩良好
【例】①小王这次考试成绩良好。②她现在感觉良好。

粮食 liángshi *n.* grain
【配】粮食生产，珍惜粮食
【例】①请不要浪费粮食。②大米是我们的主要粮食。

亮 liàng *adj.* bright
【配】很亮，天亮
【例】①不到5点，天就亮了。②这个灯太亮了，关了吧。
【反】暗

了不起 liǎobuqǐ *adj.* amazing, terrific
【配】了不起的人物，了不起的发明
【例】①你真了不起！②这是一项了不起的发明。

列车 lièchē *n.* train
【配】这次/趟列车，临时列车，列车晚点

【例】①由于天气原因，杭州开往北京的T32次列车晚点了一个小时。②列车前方到站是北京南站。

临时 línshí *adj./adv.* temporary; at the time when sth happens
【配】临时工，临时决定
【例】①这只是她的临时工作。②公司临时开了一个紧急会议。

灵活 línghuó *adj.* nimble, quick-witted
【配】头脑灵活，灵活运用
【例】①他头脑很灵活。②你要灵活运用这些方法。

铃 líng *n.* bell
【配】电话铃，按铃
【例】①电话铃响了很久。②下课铃响了，老师宣布下课。

零件 língjiàn *n.* part, component
【配】汽车零件
【例】①这种飞机零件很难找到。②我们需要换一些新零件。

零食 língshí *n.* snack

【配】吃零食
【例】①她买了很多零食,都是她喜欢吃的。②小孩一般都爱吃零食。

领导 lǐngdǎo *n./v.* leader, leadership; lead
【配】担任领导,领导工作
【例】①老王是一位优秀的领导。②他在单位担任领导。

领域 lǐngyù *n.* domain, field
【配】思想领域,不同领域
【例】①在自然科学领域中,数学是很重要的基础。②他在许多领域都取得了很大的成就。

浏览 liúlǎn *v.* glance over, browse
【配】浏览报纸
【例】①我浏览了一下这些照片。②他喜欢上网浏览新闻。

流传 liúchuán *v.* spread, hand down
【配】流传下来,广泛流传
【例】①这种艺术一直流传到了今天。②这个故事流传得很广。

流泪 liúlèi *v.* shed tears

【配】默默地流泪
【例】她没有哭出声,只是默默地流泪。

龙 lóng *n.* dragon
【配】一条龙
【例】①龙在中国有很特殊的地位。②在中国古代,龙是皇帝的象征。

漏 lòu *v.* leak, leave out
【配】漏水,漏油,漏读
【例】①壶里的水漏光了。②点名的时候我把她的名字给漏了。

陆地 lùdì *n.* land
【配】陆地上,陆地表面
【例】①这种动物只能在陆地上生活。②这个国家的陆地面积很大。

陆续 lùxù *adv.* one after another
【配】陆续离开
【例】①嘉宾们陆续到了。②会议结束后,大家都陆续回去了。

录取 lùqǔ *v.* enrol, recruit

【配】录取名单 (míngdān; name list)
【例】①他已经被北京大学录取了。②他拿到了大学的录取通知书。

录音 lùyīn *v./n.* record; sound-recording
【配】录音设备
【例】①这次谈话的内容将会被录音。②请根据录音回答问题。

轮流 lúnliú *v.* take turns
【配】轮流担任
【例】①这两个国家轮流举办这个会议。②我们轮流使用这台机器。

论文 lùnwén *n.* thesis, paper
【配】毕业论文，一篇论文
【例】①学校要求每个学生毕业前要发表两篇论文。②这是一篇很重要的论文。

逻辑 luójí *n.* logic
【配】符合逻辑
【例】①这段话包含多种逻辑关系。②这是完全符合逻辑的。

落后 luòhòu *adj./v.* backward; fall behind
【配】条件落后
【例】①这是一个经济条件很落后的地区。②再不努力,我们就要落后于人了。

M

骂 mà *v.* abuse, swear
【配】骂人
【例】①他经常被父母骂。②他爸爸骂他不好好学习。

麦克风 màikèfēng *n.* microphone
【配】一只麦克风
【例】①她拿着麦克风在唱歌。②他对着麦克风说了几句话。

馒头 mántou *n. mantou* (a kind of staple food made from flour)
【配】一个馒头,吃馒头
【例】①在中国,很多北方人喜欢吃馒头。②我要买两个馒头。

满足 mǎnzú *v.* be satisfied (with), satisfy
【配】满足需要
【例】①她特别容易满足。②我希望这样能满足你们的要求。

毛病 máobìng *n.* trouble, bad habit, fault
【配】有毛病，出毛病
【例】①一听声音就知道这台机器有毛病了。②你一定要改掉粗心的毛病。

矛盾 máodùn *n./adj.* conflict, contradiction; conflicting
【配】矛盾心理，互相矛盾
【例】①他从来不跟人闹矛盾。②去还是不去，她心里特别矛盾。

冒险 màoxiǎn *v.* take a risk (of doing sth)
【配】冒险精神，冒险家
【例】①这是一次冒险行动。②我劝你别去冒险。

贸易 màoyì *n.* trade
【配】经济贸易，贸易公司
【例】①最近几年，这两国之间的贸易发展得很快。②这是一家做服装进出口贸易的公司。

眉毛 méimao *n.* eyebrow
【配】两道眉毛
【例】①她的眉毛长得很好看。②他的眉毛很浓。

媒体 méitǐ *n.* medium
【配】校园媒体，新闻媒体
【例】①媒体对这件事情怎么看？②这个新闻已经有媒体报道过了。

煤炭 méitàn *n.* coal
【配】煤炭工业
【例】①这里的煤炭资源很丰富。②如果我们大量地使用煤炭，会造成环境问题。

美术 měishù *n.* fine arts
【配】学习美术，美术老师
【例】①他要去参加一个美术比赛。②大厅里摆放着很多美术作品。

魅力 mèilì *n.* charm, glamour
【配】艺术魅力，独特魅力
【例】①这是一座很有魅力的城市。②电影确实有种特殊的魅力。

梦想 mèngxiǎng *v./n.* dream of; dream
【配】梦想成为，实现梦想
【例】①他梦想成为歌星。②他想当老师的梦想终于实现了。

秘密 mìmì *adj./n.* secret
【配】秘密活动,保守秘密
【例】①这是一份秘密文件。②这是我们之间的一个秘密。

秘书 mìshū *n.* secretary
【配】招聘秘书,秘书长
【例】①他是总经理秘书。②她担任秘书工作。

密切 mìqiè *adj.* close, intimate
【配】密切的联系,关系密切
【例】①希望我们能够继续密切合作。②他们保持着十分密切的联系。

蜜蜂 mìfēng *n.* bee
【配】一只蜜蜂
【例】①花园里有很多蜜蜂飞来飞去。②他在观察蜜蜂的活动规律。

面对 miànduì *v.* face, confront
【配】面对现实,面对威胁
【例】①她不知道如何面对未来。②面对困难,一定不要灰心。

面积 miànjī *n.* area
【配】建筑面积，海洋面积
【例】①这座房子的建筑面积是90平方米。②森林面积在不断减少。

面临 miànlín *v.* be faced with
【配】面临选择，面临压力
【例】①现在他们面临的主要问题是缺少资金。②我们面临着巨大的挑战。

苗条 miáotiao *adj.* (of women) slender, slim
【配】身材苗条
【例】①她身材很苗条。②很多年轻女性都想拥有苗条的身材。

描写 miáoxiě *v.* describe
【配】描写人物，描写景色
【例】①他喜欢描写人的精神世界。②请用一段话描写一下周围的环境。

敏感 mǐngǎn *adj.* sensitive
【配】对……敏感，敏感问题
【例】①有些动物对天气的变化很敏感。②他对新事物非常敏感。

名牌 míngpái *n.* famous brand
【配】名牌商品,名牌汽车
【例】①她考上了名牌大学。②他喜欢买名牌商品。

名片 míngpiàn *n.* business card
【配】交换名片,递上名片
【例】①他递给我一张名片。②不好意思,我今天没有带名片。

名胜古迹 míngshèng gǔjì scenic spots and historical sites
【配】游览名胜古迹
【例】①北京有很多名胜古迹。②我们参观了这里的名胜古迹。

明确 míngquè *adj./v.* clear and definite; make clear
【配】目标明确,明确目的
【例】①他的态度很明确。②首先我们要明确一些基本概念。

明显 míngxiǎn *adj.* obvious, clear
【配】明显的进步,明显的变化
【例】①十多年了,他没有什么明显的变化。②她在这项比赛中有明显的优势。

明星 míngxīng *n.* star
【配】电影明星
【例】①你最喜欢的足球明星是谁？②这次活动有很多电影明星参加。

命令 mìnglìng *n./v.* order; command
【配】下命令
【例】①你们要服从命令。②将军 (jiāngjūn; general) 命令部队继续前进。

命运 mìngyùn *n.* destiny, fate
【配】命运的安排，改变命运
【例】①有人说，性格决定命运。②有时，人们会感到无法掌握自己的命运。

摸 mō *v.* touch, feel
【配】摸头发
【例】①这种布摸起来很软。②我摸了摸他的脸，觉得他有点儿发烧。

模仿 mófǎng *v.* imitate
【配】模仿别人
【例】①小孩儿喜欢模仿大人的动作。②他的模仿能力很强。

模糊 móhu *adj.* blurred, vague, fuzzy
【配】印象模糊
【例】①这张纸上的字有点儿模糊,看不太清楚。②他们对这件事的态度比较模糊。

模特儿 mótèr *n.* model
【配】当模特儿,服装模特儿
【例】①我想要有模特儿一样的身材。②她以前是运动员,现在转行(zhuǎnháng; change one's job)当了模特儿。

摩托车 mótuōchē *n.* motorcycle
【配】骑摩托车
【例】①骑摩托车要注意安全。②他最近刚买了一辆新摩托车。

陌生 mòshēng *adj.* strange, unfamiliar
【配】感觉陌生,陌生人
【例】①我们虽然第一次见面,但是并不感到陌生。②他对这个地方感到很陌生。

某 mǒu *pron.* certain, some
【配】某地,某人
【例】①这些批评只针对某些学生。②去年的某一天，他们全家都搬走了。

木头 mùtou *n.* wood
【配】木头房子
【例】①这些家具都是用木头做的。②这是一块好木头。
【扩】木材（mùcái; lumber）

目标 mùbiāo *n.* target, objective, goal
【配】学习目标，工作目标
【例】①他这一枪没有打中目标。②公司这个月的销售目标是 500 万元。

目录 mùlù *n.* catalogue, list, table of contents
【配】编目录，论文目录
【例】①请给这些新书编一个目录。②书中有详细的目录。

目前 mùqián *n.* now, present moment
【配】目前情况
【例】①目前我掌握的材料还不够。②根据我目前的经济状况，我还接受不了这么高的价格。

N

哪怕 nǎpà *conj.* even though, no matter how
【配】哪怕……也……
【例】①哪怕工作再忙,他也每天坚持锻炼身体。②哪怕困难再大,我也要完成这项任务。

难怪 nánguài *adv.* no wonder
【例】①他钱包丢了,难怪他今天有点儿不高兴。②原来你那天没去,难怪你不知道。
【同】怪不得

难免 nánmiǎn *adj.* be hard to avoid
【例】①人难免会犯错。②刚参加工作,困难是难免的。

脑袋 nǎodai *n.* head, brains
【配】聪明的脑袋
【例】①这小孩儿脑袋还挺灵活的。②我脑袋里一片空白,什么也想不起来了。

内部 nèibù *n.* inside, the internal part
【配】内部人员,内部消息
【例】①这次活动只允许公司内部的人员参加。②根据内部消息,这个明星下周三要来北京。③这个房间的内部装修是我妈妈设计的。
【反】外部(wàibù)

内科 nèikē *n.* internal medicine
【配】内科医生,内科检查
【例】①他是一位内科医生。②你需要做全面的内科检查。

嫩 nèn *adj.* delicate, tender
【配】嫩草,嫩肉
【例】①树上长出了很多嫩叶。②这个鱼肉做得很嫩。

能干 nénggàn *adj.* competent, capable
【配】聪明能干
【例】①你的秘书真能干!②他们是一群聪明能干的年轻人。

能源 néngyuán *n.* energy resources
【配】节约能源,利用能源
【例】①现在世界上很多地方面临能源问题。②我们要注意开发新能源。

嗯 ng *interj.* (expressing agreement)

【例】A: 别忘了吃药。B: 嗯。

年代 niándài *n.* age, decade of a century
【配】不同年代
【例】①生活的年代不同，人们的思想也会有很大不同。②他是 20 世纪 90 年代出生的人。

年纪 niánjì *n.* age
【配】年纪大，年纪轻
【例】①您多大年纪了？②他是我们当中年纪最大的人。

念 niàn *v.* read out, study
【配】念课文，念初中
【例】①你把课文念一遍给大家听。②他念完高中就开始工作了。

宁可 nìngkě *adv.* would rather
【例】①我宁可早到一小时，也不想迟到一分钟。②她宁可自己不吃，也要让孩子们吃饱。

牛仔裤 niúzǎikù *n.* jeans
【配】一条牛仔裤
【例】①她买了一条新的牛仔裤。②我很喜欢穿牛仔裤。

农村 nóngcūn *n.* the countryside, rural area
【配】农村人口,去农村
【例】①现在农村经济发展起来了。②他离开农村去城市上大学了。

农民 nóngmín *n.* peasant, farmer
【例】①我们要提高农民的生活水平。②近几年,农民的收入有了很大的提高。

农业 nóngyè *n.* agriculture
【配】农业生产
【例】①这个国家的农业很发达。②科技对农业的发展起着很重要的作用。

浓 nóng *adj.* dense, strong
【配】浓眉,浓茶
【例】①太阳出来了,浓雾渐渐地散了。②他对唱歌的兴趣很浓。

女士 nǚshì *n.* lady, madam
【例】①女士们,先生们,大家晚上好!②对面坐着一位漂亮的女士。

O

欧洲 Ōuzhōu *n.* Europe
【配】欧洲文明
【例】① 我们要去欧洲旅游了。② 欧洲的风景好美啊！

偶然 ǒurán *adj./adv.* accidental; by chance
【配】十分偶然，偶然因素
【例】①这只是偶然现象。②我在公园偶然遇到了以前的班主任。
【反】必然

P

拍 pāi *v.* clap, pat, shoot, take (a picture)
【配】拍手，拍照片，拍电影
【例】①他正在思考，突然被人拍了一下后背。②我们在这儿拍张合影吧。

派 pài *v.* dispatch, send, assign
【配】派任务
【例】①领导派人送来了一份文件。②他把这项任务派给了我。

盼望 pànwàng *v.* look forward to, expect

【配】盼望回家
【例】①我盼望着与你再次见面。②他一直盼望着你的到来。

培训 péixùn v. train (technical personnel, etc)
【配】培训人员，培训班
【例】①今年暑假我参加了英语培训班。②在进入公司之前，每个人都应该进行职业培训。
【同】训练

培养 péiyǎng v. cultivate, develop, train
【配】培养人才，培养能力
【例】①这所学校培养出了很多优秀人才。②他是我们的重点培养对象。

赔偿 péicháng v. compensate
【配】赔偿损失，精神赔偿
【例】①你应该赔偿他的损失。②我们已经制订好赔偿方案了。

佩服 pèifú v. admire
【配】令人佩服
【例】①我很佩服你的工作能力。②他的勇气很令人佩服。

配合 pèihé *v.* coordinate, cooperate
【配】积极配合,相互配合
【例】①他们在工作上配合得很好。②学生们很配合老师的教学安排。

盆 pén *n.* basin, tub, pot
【配】洗脸盆,花盆
【例】①她拿着一个木盆走进来。②地上有几个花盆。

碰 pèng *v.* meet, run into
【配】碰见,碰面
【例】①我每天都会在食堂碰见她。②他们约好了在咖啡馆碰面。③一出门就碰上了下大雨。

批 pī *m.* batch, group
【配】一批服装,大批信件
【例】①他们运来了一批粮食。②第一批学生已经出发了。

批准 pīzhǔn *v.* approve, ratify
【配】获得批准
【例】①他没有经过老师批准,就离开学校了。②这个方案还没有被批准。

披 pī *v.* drape over one's shoulder
【配】披着衣服
【例】①一个披着大衣的人走了进来。②我们要小心披着羊皮的狼。

疲劳 píláo *adj.* tired
【配】眼睛疲劳，感到疲劳
【例】①他干了一天的活儿，觉得十分疲劳。②这段时间她感到容易疲劳。

匹 pǐ *m.* (for mules, horses and rolls of cloth or silk)
【配】一匹马，一匹丝绸
【例】①我家有两匹马。②我们需要买一匹布。

片 piàn *n./m.* flat, thin piece; slice, tablet
【配】纸片，两片药
【例】①她喜欢吃土豆片。②我吃了几片面包。

片面 piànmiàn *adj.* uneven, lopsided
【配】片面的看法
【例】①你看问题不能这么片面。②这种观点太片面了。
【反】全面

飘 piāo *v.* float (in the air), drift

【配】飘着,飘过
【例】①天空中飘着雪花。②一片树叶随风飘过。

拼音 pīnyīn *n. Pinyin*
【例】①汉语拼音字母的发音和英语字母的发音不一样。②学会了拼音就可以在电脑上输入汉字。

频道 píndào *n.* channel
【配】电视频道
【例】①我喜欢看体育频道的节目。②第九频道是新闻频道。

平 píng *adj.* smooth, even, flat
【配】平放
【例】①这条路不平。②请平躺在床上。

平安 píng'ān *adj.* safe and sound
【配】一路平安,平安到家
【例】①祝你一路平安!②我们已经平安到达目的地了。

平常 píngcháng *adj./n.* ordinary, usual
【配】平常心,平常的生活
【例】①这种事很平常。②他希望过平常人的生活。

③我们平常七点吃早饭。

平等 píngděng *adj.* equal
【配】男女平等,地位平等
【例】①法律面前人人平等。②我们都需要平等的机会。

平方 píngfāng *n./m.* square; square metre
【配】2 的平方
【例】① 9 的平方是 81。②老李家的面积是 90 平方。

平衡 pínghéng *adj./v.* balanced; balance
【配】保持平衡,平衡发展
【例】①体操 (tǐcāo; gymnastics) 运动员的身体平衡能力很强。②要平衡好工作和生活的关系。

平静 píngjìng *adj.* calm, quiet
【配】平静下来,感到平静
【例】①她说话的声音非常平静。②他只想过平静的生活。

平均 píngjūn *adj.* average
【配】平均年龄,平均收入
【例】①这个班数学考试的平均分数很高。②你要算出它的平均速度。

评价 píngjià *v./n.* judge, evaluate; judgement
【配】评价历史人物,做出评价
【例】①专家高度评价了他的作品。②她的表演得到了很高的评价。

凭 píng *prep.* on the basis of, according to
【配】凭着,凭能力
【例】①凭你的能力,一定能找到好工作。②你凭什么这么说?
【扩】凭借(píngjiè; depend on)

迫切 pòqiè *adj.* pressing, urgent
【配】迫切要求
【例】①这是迫切需要解决的问题。②他迫切希望我们能够合作。

破产 pòchǎn *v.* go bankrupt, go broke
【配】公司破产,宣布破产
【例】①他们公司破产了。②我们的计划破产了。

破坏 pòhuài *v.* destroy, disrupt
【配】破坏环境,破坏计划

【例】①这里的环境受到了严重的破坏。②她破坏了我们的关系。

【反】爱护

Q

期待 qīdài *v.* look forward to, expect

【配】期待胜利,值得期待

【例】①大家都期待着你的到来。②我们期待您的回信。

期间 qījiān *n.* time, period

【配】放假期间,会议期间

【例】①比赛期间,这里不能随便进来。②在学校读书期间,她学习非常努力。

其余 qíyú *pron.* the rest

【配】其余的部分

【例】①这箱书是我的,其余的都是他的东西。②除了上课,其余时间可以自由支配 (zhīpèi; arrange)。

奇迹 qíjì *n.* miracle, wonder

【配】创造奇迹

【例】①她希望出现奇迹。②太让人难以相信了,你简直创造了一个奇迹!

企业 qǐyè *n.* enterprise, business

【配】管理企业,企业文化
【例】①你要学习怎样管理好一个企业。②企业的生产受到了很大的影响。

启发 qǐfā *v.* arouse, inspire
【配】启发思想,得到启发
【例】①她很善于启发学生思考。②他的话给了我很大的启发。

气氛 qìfēn *n.* atmosphere
【配】节日气氛
【例】①讨论会的气氛十分热烈。②大厅里充满了欢乐愉快的气氛。

汽油 qìyóu *n.* gasoline, petrol
【配】汽油桶,固体汽油
【例】①这个油箱能装45升汽油。②最近汽油的价格又上涨了。

谦虚 qiānxū *adj.* modest
【配】态度谦虚
【例】①他态度总是很谦虚。②她谦虚地回答了我们的问题。

签 qiān *v.* sign, autograph
【配】签字，签名，签合同
【例】①每个人交完钱以后都要签字确认。②这本书上有作者的亲笔签名。

前途 qiántú *n.* future, prospect
【配】前途光明
【例】①我觉得这份工作很有发展前途。②希望你们都有一个好前途。

浅 qiǎn *adj.* shallow, (of colours) light
【配】浅海，浅蓝色
【例】①不用怕,水池的水很浅。②这块布料颜色很浅。

欠 qiàn *v.* owe, lack
【配】欠钱，欠考虑
【例】①他还欠我一个道歉。②你这样做是欠考虑的。

枪 qiāng *n.* gun, firearm
【配】一把枪，开枪
【例】①他身上带着一把枪。②听到枪响，他赶紧跑了。

强调 qiángdiào *v.* emphasise, stress
【配】特别强调

【例】①她已经强调过这一点。②不要过分强调客观原因。
【扩】加强（jiāqiáng; strenthen）

强烈 qiángliè *adj.* strong, intense
【配】强烈要求，强烈愿望
【例】①他强烈反对我们的观点。②这里刚刚发生了一次强烈的地震。

墙 qiáng *n.* wall
【配】一面墙，墙上
【例】①墙上挂着他们全家的照片。②把这四面墙都刷成蓝色。

抢 qiǎng *v.* rob, snatch
【配】抢钱，抢东西
【例】①抢劫犯被抓住了。②他把书抢走了。

悄悄 qiāoqiāo *adv.* quietly
【配】悄悄地说
【例】①我悄悄地走了出去。②她悄悄地和我说了两句话。

瞧 qiáo *v.* look, see

【配】瞧见，瞧一瞧
【例】①瞧，他们都在做什么呢？②他抬头瞧了我一眼。

巧妙 qiǎomiào *adj.* ingenious, skilful
【配】设计巧妙，巧妙地运用
【例】①这个回答非常巧妙。②他用了巧妙的方法来解决这个问题。

切 qiē *v.* cut, slice
【配】切菜，切开
【例】①他正在厨房切菜。②你帮我们切一下这个西瓜吧。

亲爱 qīn'ài *adj.* dear, beloved
【配】亲爱的爸妈，亲爱的祖国
【例】①亲爱的母亲，您辛苦了！②亲爱的同学们，你们好！

亲切 qīnqiè *adj.* cordial, kind
【配】态度亲切
【例】①她让人感到很亲切。③我们进行了亲切友好的交谈。

亲自 qīnzì *adv.* personally, in person

【配】亲自动手，亲自送来
【例】①公司的重要事情都是由他亲自处理。②我要亲自去一趟。

勤奋 qínfèn *adj.* diligent
【配】勤奋学习
【例】①成功离不开勤奋。②他是一个非常勤奋的学生。

青 qīng *adj.* (of colour) blue, dark blue, green
【配】青色，青草
【例】①她穿着一件青色的衣服。②春天来了，小草返青了。

青春 qīngchūn *n.* youth
【配】恢复青春，青春时代
【例】①我们要珍惜自己的青春时代。②这是一首青春之歌。

青少年 qīng-shàonián teenagers, youngsters
【配】青少年时期
【例】①这是一本适合青少年阅读的书。②我们要做好对青少年的教育工作。

轻视 qīngshì *v.* despise, look down upon

【配】轻视对手,被人轻视
【例】①你们不能轻视对手的实力 (shílì; strength)。②你不要轻视这个任务。

轻易 qīngyì *adv./adj.* lightly, easily; easy
【配】轻易赢得比赛,轻易上当
【例】①这件事很重要,别轻易做决定。②再坚持一下,不要轻易放弃。③外语不是轻易就可以学好的。

清淡 qīngdàn *adj.* (of food) light, delicate
【配】饭菜清淡
【例】①我这两天感冒了,饮食都比较清淡。②这道菜味道很清淡。

情景 qíngjǐng *n.* scene, sight
【配】生活的情景,感人的情景
【例】①我还记得刚到北京时的情景。②这情景让每个人都很感动。

情绪 qíngxù *n.* mood, feeling
【配】情绪激动,情绪变化
【例】①他的情绪很不稳定。②她的情绪受到了这次事件的影响。

请求 qǐngqiú *v./n.* request
【配】请求帮助，答应请求
【例】①他请求再给他一次机会。②父母答应了他的请求。

庆祝 qìngzhù *v.* celebrate
【配】庆祝胜利
【例】①他们在庆祝国庆节。②每年这里都要举行庆祝活动。

球迷 qiúmí *n.* (ball game) fan
【配】篮球球迷
【例】①他是一个足球球迷。②有很多球迷来看这次篮球比赛。

趋势 qūshì *n.* trend, tendency
【配】必然趋势，发展趋势
【例】①这是社会发展的必然趋势。②天气有转暖的趋势。

取消 qǔxiāo *v.* cancel, call off
【配】取消会议，计划取消
【例】①她被取消了比赛资格。②出行的计划被临时取消了。

娶 qǔ *v.* take a wife
【配】娶妻
【例】①他娶了一位美丽善良的姑娘。②嫁娶的风俗各个地方都不一样。
【反】嫁

去世 qùshì *v.* die, pass away
【配】因病去世
【例】①她母亲在她很小的时候就去世了。②他在去年因病去世。

圈 quān *n./v.* circle; mark with a circle, encircle
【配】画圈，铁圈，圈地
【例】①她在地上画了一个圈。②把你不认识的字用红笔圈出来。③他在屋后圈了一块地做菜园子。

权力 quánlì *n.* power, authority
【配】运用权力，掌握权力
【例】①他在公司有很大的权力。②我没有这个权力。

权利 quánlì *n.* right
【配】保护权利，合法权利
【例】①我们要保护公民的合法权利。②每个人都有受教育的权利。

【反】义务

全面 quánmiàn *adj.* overall, comprehensive
【配】知识全面，全面发展
【例】①你要全面地考虑这件事情。②她的技术很全面。
【反】片面

劝 quàn *v.* try to persuade, advise
【例】①她身体不好，你应该劝她多休息。②朋友们劝过他好多次了。

缺乏 quēfá *v.* be short of, lack
【配】缺乏经验，缺乏资源
【例】①你身体不好主要是因为缺乏锻炼。②他们那里能源缺乏。

确定 quèdìng *v.* define, determine
【配】确定日期，确定方案
【例】①你帮我确定一下开会的时间和地点。②这个计划现在已经完全确定了。

确认 quèrèn *v.* affirm, confirm
【配】确认事实
【例】①你过来确认一下，看看这是不是你的钱包。

②你确认这件事是他做的吗?

群 qún *m.* group, flock
【配】一群人
【例】①一群孩子跑过来了。②山上有一群羊。

R

燃烧 ránshāo *v.* burn
【配】煤炭燃烧
【例】①汽油很容易燃烧。②周围都是易燃烧物质,一定要小心。

绕 rào *v.* wind, move round, go round
【配】绕线
【例】①帮我把这根绳子绕在树上。②我们绕着操场跑了两圈。

热爱 rè'ài *v.* have a deep love for, love ardently
【配】热爱生活,热爱祖国
【例】①他非常热爱他的工作。②她热爱自己的祖国。

热烈 rèliè *adj.* enthusiastic, warm
【配】热烈欢迎,气氛热烈
【例】①会议上大家进行了热烈的讨论。②观众都非常热烈地鼓掌。

热心 rèxīn *adj.* enthusiastic, warm-hearted
【配】热心人，热心帮助
【例】①李老师是一个非常热心的人。②他很热心地帮助别人。

人才 réncái *n.* talent, person with ability
【配】发现人才，培养人才
【例】①你们要好好培养人才。②我们公司需要很多管理人才。

人口 rénkǒu *n.* population
【配】农村人口，控制人口
【例】①这个地区的人口有130多万。②我们要控制人口的增长。

人类 rénlèi *n.* mankind, humankind
【配】人类文明，人类的生存
【例】①人类要爱护自己的家园——地球。②人类社会的发展，是所有人共同努力的结果。

人民币 rénmínbì *n.* RMB
【配】1元人民币

【例】①他们一个月的工资是2000元人民币。②我想把这些人民币换成美元。

人生 rénshēng *n.* life
【配】人生观，人生大事
【例】①这是一段值得回忆的人生经历。②结婚是人生中的一件大事。

人事 rénshì *n.* personnel matters
【配】人事关系，人事安排
【例】①我们需要你的人事材料。②她在单位的人事部门工作。

人物 rénwù *n.* figure, character
【配】重要人物，人物形象
【例】①这是一位著名的历史人物。②这部小说里出现了四百多个人物。

人员 rényuán *n.* staff, personnel
【配】工作人员，人员不足
【例】①我们企业需要一些技术人员。②他是这里的管理人员。

忍不住 rěn bú zhù can't bear, cannot help (doing sth)
【配】实在忍不住

【例】①他疼得忍不住了。②她忍不住笑了起来。

日常 rìcháng *adj.* everyday, daily
【配】日常生活，日常用品
【例】①在日常生活中要注意饮食卫生。②他在指导我们的日常训练。

日程 rìchéng *n.* schedule
【配】工作日程，日程安排
【例】①这个月的日程已经排满了。②我们对演出日程进行了重新安排。

日历 rìlì *n.* calendar
【配】工作日历
【例】①我手机上能显示日历。②新年到了，他换了一本新日历。

日期 rìqī *n.* date
【配】生产日期，具体日期
【例】①这批商品的出厂日期是6月21日。②他们调整了比赛的日期。

日用品 rìyòngpǐn *n.* articles of everyday use
【配】买日用品

【例】①我一会儿要去超市买些日用品。②这些都是高档日用品。

日子 rìzi *n.* day, date
【配】推迟日子,幸福的日子,过去的日子
【例】①我们回国的日子定在下周四。②今天是他们结婚的大喜日子。

如何 rúhé *pron.* how
【配】身体如何,如何处理
【例】①我不知道如何解决这个问题。②你最近工作如何?

如今 rújīn *n.* now, nowadays
【配】事到如今
【例】①事到如今,你不能不相信他说的是对的。②如今,中国人的生活比以前好多了。

软 ruǎn *adj.* soft
【配】很软,软软的
【例】①这床被子软软的,很舒服。②爷爷牙齿不好,只能吃软的东西了。

软件 ruǎnjiàn *n.* software

【配】电脑软件,软件开发
【例】①这个游戏软件已经做好了。②你上网前应该先安装杀毒软件。

弱 ruò *adj.* weak, young, inferior
【配】老弱病残
【例】①她的身体很弱。②我的能力不比她弱。
【扩】减弱 (jiǎnruò; weaken)

S

洒 sǎ *v.* spray, sprinkle, spill
【配】洒水
【例】①扫地的时候先洒些水。②她把洒在地上的粮食捡了起来。

嗓子 sǎngzi *n.* throat, voice
【配】嗓子疼,好嗓子
【例】①我感冒了,嗓子疼。②这个姑娘有一副好嗓子。

色彩 sècǎi *n.* colour, hue, certain sentiment
【配】色彩鲜艳,感情色彩
【例】①春天各种花都开了,色彩很丰富。②这部电影带有很强的感情色彩。

【同】颜色

杀 shā *v.* kill
【配】杀虫,杀毒
【例】①她不敢杀鸡。②侵略者在那里杀了很多人。

沙漠 shāmò *n.* desert
【配】沙漠地区
【例】①这里属于沙漠气候。②这是世界上最大的沙漠。

沙滩 shātān *n.* sandy beach
【配】沙滩排球
【例】①很多孩子在沙滩上玩。②那是一片白色的沙滩。

傻 shǎ *adj.* muddle-headed, stupid
【配】干傻事
【例】①其实,她并不傻。②你这样做真是太傻了。

晒 shài *v.* bask, dry in the sun
【配】晒衣服,晒太阳
【例】①农民们都在晒粮食。②天气暖和了,出来晒晒太阳吧!

删除 shānchú *v.* delete, cut out
【配】删除文字
【例】①文章里不重要的部分最好删除。②他把我电脑里的文件都删除了。

闪电 shǎndiàn *n.* lightning
【配】一道闪电
【例】①闪电过后,天空中就会打雷。②他像闪电一样飞快地跑了。

扇子 shànzi *n.* fan
【配】一把扇子,扇 (shān;wave) 扇子
【例】①她手里拿着一把小扇子。②中国传统的扇子舞很好看。

善良 shànliáng *adj.* kind-hearted
【配】善良的人们
【例】①他是一个勤劳、善良的人。②她的母亲非常善良。

善于 shànyú *v.* be good at, be adept in
【配】善于沟通,善于发现
【例】①由于他善于经营,公司发展得很好。②她不善于讲话。

伤害 shānghài *v.* hurt, harm, injure
【配】受到伤害,伤害身体,重大伤害
【例】①经常躺着看书会伤害眼睛。②那次意外对他造成了很大的伤害。

商品 shāngpǐn *n.* goods, commodity
【配】生产商品,商品价格
【例】①市场上有各种各样的商品。②这些商品不但质量好,而且价格合理。
【扩】礼品(lǐpǐn; present, gift)
品牌(pǐnpái; brand name)

商务 shāngwù *n.* business/commercial affairs
【配】商务汉语,商务谈判,商务活动
【例】①这本教材是用来学习商务汉语的。②这辆商务车可以坐七个人。

商业 shāngyè *n.* commerce, business
【配】商业贸易,商业价值
【例】①很多人参加了这次商业活动。②这个发现有很高的商业价值。

上当 shàngdàng *v.* be taken in, be fooled
【配】上当受骗

【例】①你要小心，别上当了。②我不会上当的。

蛇 shé *n.* snake
【配】毒蛇，一条蛇
【例】①那是一条白蛇。②这种蛇有毒。

舍不得 shěbude *v.* loathe to part with, grudge
【配】很舍不得，舍不得买
【例】①我舍不得你离开。②他从来都舍不得乱花一分钱。

设备 shèbèi *n.* facilities, equipment
【配】电脑设备，安装设备
【例】①工厂买了一些先进的设备。②学校没有很好的设备。

设计 shèjì *v.* design, devise
【配】设计建筑，设计服装
【例】①这是一家服装设计公司。②这些作品都是他设计的。

设施 shèshī *n.* facilities, installation
【配】基础设施，生活设施
【例】①这里的交通设施很好。②学校的各种设施都很完善。

射击 shèjī v./n. shoot; shooting
【配】准备射击，射击比赛
【例】①你应该先瞄准 (miáozhǔn; aim at) 目标，然后再射击。②他是中国射击队的教练。

摄影 shèyǐng v. take a photograph
【配】摄影比赛，摄影技术
【例】①他很喜欢摄影。②学校组织了一次摄影比赛。
【扩】拍摄 (pāishè; shoot)

伸 shēn v. stretch
【配】伸手，伸长
【例】①不要把头伸出窗外。②你把胳膊伸直。

身材 shēncái n. figure, stature
【配】身材苗条，保持好身材
【例】①他身材高大。②她的身材很苗条。

身份 shēnfèn n. status, identity
【配】特殊身份，公开身份
【例】①他的真实身份是一家大公司的老板。②她以记者的身份参加会议。

【扩】身份证（shēnfènzhèng; ID card）

深刻 shēnkè *adj.* deep, profound
【配】印象深刻，深刻的理解
【例】①这次事件使我们都受到了深刻的教育。②他用简单的语言把深刻的道理讲得很清楚。

神话 shénhuà *n.* myth, mythology
【配】神话传说，神话故事
【例】①这是一个有趣的神话故事。②这里像是一个神话世界。

神秘 shénmì *adj.* mysterious, mystical
【配】神秘人物
【例】①我们都在等待神秘嘉宾的出现。②这个现象看起来神秘，实际很简单。

升 shēng *v.* ascend, rise, promote
【配】升高
【例】①太阳从东方升起。②他被升为总经理。
【扩】升职（shēngzhí; be promoted）

生产 shēngchǎn *v.* produce, manufacture
【配】工业生产，发展生产

【例】①希望你们能生产出更好的产品。②这项技术会促进农业生产的发展。
【扩】产量 (chǎnliàng; output)

生动 shēngdòng *adj.* vivid, lively
【配】生动的描写，生动的语言
【例】①给孩子们看的书要写得特别生动。②这段话语言很生动。

生长 shēngzhǎng *v.* grow, grow up
【配】生长得很快，促进生长
【例】①这种花只能生长在南方。②我的朋友生长在一个传统的中国家庭。

声调 shēngdiào *n.* tone
【配】声调变化，提高声调
【例】①在汉语中，声调很重要。②她说话的声调比较高。

绳子 shéngzi *n.* rope, string
【配】一根绳子，长绳子
【例】①墙上挂着一根绳子。②你要再准备一根绳子，原来的那根已经断了。

省略 shěnglüè *v.* omit, leave out
【配】省略内容
【例】①她把不重要的内容都省略了。②这里省略了一百多字。

胜利 shènglì *v.* be victorious, triumph, win
【配】取得胜利,最后的胜利
【例】①这是我们工作中取得的第一个大胜利。②战争胜利后,他们都回到了自己的家乡。

失眠 shīmián *v.* suffer from insomnia
【配】经常失眠
【例】①我最近经常失眠。②你要找到你失眠的原因。
【扩】睡眠 (shuìmián; sleep)

失去 shīqù *v.* lose
【配】失去联系,失去家园
【例】①她失去了这次机会。②他已经失去信心了。

失业 shīyè *v.* be out of work, be unemployed
【配】失业人员,失业保险
【例】①那家公司的破产使很多人失业。②我们要帮助失业人员再就业 (jiùyè; get a job)。

诗 shī *n.* poetry, poem
【配】写诗,背诗
【例】①我很喜欢这首诗。②这是她自己写的诗。
【扩】诗歌(shīgē; poetry) 诗人(shīrén; poet)

狮子 shīzi *n.* lion
【配】一头狮子,公狮子
【例】①狮子生活在森林里。②这是一头母狮子。

湿润 shīrùn *adj.* moist, damp
【配】很湿润,湿润的空气
【例】①这里的空气很湿润。②他很激动,眼睛也湿润了。
【反】干燥

石头 shítou *n.* stone, rock
【配】一块石头,扔石头
【例】①前面有一块大石头。②在古代,石头也是一种劳动工具。

时差 shíchā *n.* time difference
【配】倒时差,有时差
【例】①美国东部和西部的时差是几个小时?②我刚从法国坐飞机到中国,还不习惯,正在倒时差。

时代 shídài *n.* times, age, period in one's life
【配】信息时代，学生时代
【例】①每个时代都有自己的特点。②这是她青年时代写的书。

时刻 shíkè *n./adv.* hour, moment; constantly
【配】关键时刻，历史时刻，时刻关注
【例】①谢谢你在关键时刻对我的帮助。②考试时，老师时刻关注着每个学生的情况。

时髦 shímáo *adj.* fashionable
【配】赶时髦，时髦服装
【例】①她打扮得非常时髦。②这件衣服很时髦。

时期 shíqī *n.* period
【配】困难时期，历史时期
【例】①战争时期，大家的生活都很困难。②这是一个比较稳定的时期。

时尚 shíshàng *n./adj.* fashion; fashionable
【配】追求时尚，时尚风格
【例】①他是一个追求时尚的人。②她穿的衣服特别时尚。

实话 shíhuà *n.* truth
【配】实话实说,说实话
【例】①说实话,我不喜欢他。②你一定要讲实话。

实践 shíjiàn *v.* put into practice
【配】实践经验
【例】①你要在实践中不断提高自己的能力。②我认为认识离不开实践。

实习 shíxí *v.* practise (what has been taught in class)
【配】实习单位,实习工作
【例】①我想找一份实习工作。②我在这家公司实习期间学到了很多东西。

实现 shíxiàn *v.* realise, bring about
【配】实现理想,很难实现
【例】①我们终于实现了自己的理想。②这个计划很难实现。

实验 shíyàn *n.* experiment
【配】做实验,科学实验
【例】①实验证明,这个理论不正确。②他在做物理实验。

实用 shíyòng *adj.* practical, pragmatic
【配】实用技术
【例】①这些工具看上去很简单，但却非常实用。②她教了我们一些实用的方法。

食物 shíwù *n.* food
【配】寻找食物
【例】①他们给了我很多食物。②这些食物营养很丰富。
【扩】美食（měishí; choice food）

使劲 shǐjìn *v.* exert all one's strength
【配】使劲跑
【例】①还有很多呢，你就使劲吃吧。②他的表演结束了，大家都使劲鼓掌。

始终 shǐzhōng *adv.* always, from beginning to end
【配】始终很好，始终不改
【例】①她始终不愿意见我。②他始终保持着乐观的态度。

士兵 shìbīng *n.* soldier, private
【配】勇敢的士兵
【例】①他想当一名士兵。②他们都是很勇敢的士兵。

市场 shìchǎng *n.* market, bazaar
【配】农贸市场,市场广大
【例】①这种产品已经打入国际市场了。②不科学的想法在这里没有市场。

似的 shìde *part.* seem to be, just like
【配】像……似的
【例】①这些棉花白得像雪似的。②她像是睡着了似的。

事实 shìshí *n.* fact, reality
【配】承认事实
【例】①这些事实说明了一个道理。②你要用事实来证明你说的是对的。

事物 shìwù *n.* thing, object
【配】新事物
【例】①我们要勇于接受新事物。②你要学会观察事物的变化。

事先 shìxiān *n.* in advance, beforehand
【配】事先通知,事先准备
【例】①这件事我事先一点儿都不知道。②你应该事先和我说一声。

试卷 shìjuàn *n.* examination paper, test paper
【配】考试试卷
【例】①这是一张物理试卷。②试卷的内容现在还不能让你们知道。
【扩】问卷（wènjuàn; questionnaire）

收获 shōuhuò *v./n.* harvest; results, gains
【配】收获粮食，意外收获
【例】①今年天气好，农民们收获了很多粮食。②我相信只要努力，你就会有收获。

收据 shōujù *n.* receipt
【配】开收据
【例】①这是你的付款收据。②你要记得拿了收据再走。

手工 shǒugōng *n.* handwork
【配】做手工，手工作品，手工制作
【例】①这件衣服完全是手工制作的。②我们今天下午有手工课。

手术 shǒushù *n.* operation, surgery
【配】做手术，小手术
【例】①她的病需要动手术才能治好。②这只是一个简单的小手术。

手套 shǒutào *n.* gloves, mittens
【配】一副手套
【例】①她送给我一副很漂亮的手套。②虽然很冷，但是我还是不喜欢戴手套。

手续 shǒuxù *n.* procedure
【配】办手续，贷款手续
【例】①你还要办登记手续。②出国要办理很多手续。

手指 shǒuzhǐ *n.* finger
【配】伸出手指
【例】①她用手指碰了我一下。②他用手指指着字一个一个地读。

首 shǒu *m.* (for poems or songs)
【配】一首诗，几首流行歌
【例】①我昨天学会了一首中文歌。②我们的老师写过好几首现代诗。

寿命 shòumìng *n.* lifespan, life
【配】平均寿命
【例】①狗的寿命一般是十几年。②由于生活水平的提高，人的平均寿命比以前长了。

受伤 shòushāng　*v.*　be injured, be wounded
【配】腿部受伤
【例】①我受伤了，不能打球了。②他头部受伤了。

书架 shūjià　*n.*　bookshelf, bookcase
【配】书架上
【例】①他的书架上放满了各种各样的书。②你帮我移动一下这个书架。
【扩】货架（huòjià; goods shelf）

梳子 shūzi　*n.*　comb
【配】一把梳子，木梳子
【例】①我很喜欢这把小梳子。②常用梳子梳头对身体有好处。

舒适 shūshì　*adj.*　comfortable
【配】环境舒适
【例】①你的房间非常舒适。②我们想找个舒适的地方休息。

输入 shūrù　*v.*　input
【配】输入信息，输入密码
【例】①你要输入这些数据。②键盘是计算机的输入设备。

蔬菜 shūcài *n.* vegetables
【配】绿色蔬菜
【例】①她自己种了一些蔬菜。②这些都是新鲜的蔬菜。

熟练 shúliàn *adj.* skilled, practised
【配】动作熟练
【例】①他已经能很熟练地操作这台机器了。②她用画图软件用得非常熟练。

属于 shǔyú *v.* belong to, be part of
【配】属于我们
【例】①最后的胜利一定属于我们。②这不属于我们公司的经营范围。

鼠标 shǔbiāo *n.* mouse of a computer
【配】电脑鼠标
【例】①你轻轻一点鼠标就可以了。②这是一个无线鼠标。

数 shǔ *v.* count, be reckoned as
【配】数数（shǔshù）
【例】①我数了一下，参加这次活动的一共10个人。②这些人中，数他年龄最小。

数据 shùjù *n.* data, statistics
【配】经济数据，输入数据
【例】①我们得到了一个重要的数据。②数据显示,近年来我国人口素质 (sùzhì; quality) 不断提高。

数码 shùmǎ *adj.* digital
【配】数码相机，数码产品
【例】①现在数码技术发展得很快。②这款数码相机有很多种新功能。

摔倒 shuāidǎo *v.* fall, tumble
【例】①下雨路滑，小心别摔倒。②奶奶在下楼时摔倒受伤了。

甩 shuǎi *v.* swing, fling, leave sb behind
【配】甩胳膊，甩开
【例】①她头发一甩，扭头就走了。②别把他一个人甩在后面。

双方 shuāngfāng *n.* both sides, two parties
【配】男女双方，谈判双方
【例】①双方一致同意这个处理方案。②这个结果双方都非常满意。

税 shuì *n.* tax, duty, revenue
【配】交税,营业税
【例】①每人都要按照法律规定交税。②中国目前的个人所得税起征点 (qǐzhēngdiǎn; starting point of taxation) 为 3500 元。

说不定 shuōbudìng *adv.* maybe, perhaps
【例】①她说不定会来。②你再不走,说不定就晚了。

说服 shuōfú *v.* persuade, convince
【配】说服对方
【例】①我想办法说服他们。②你提供的这些材料很有说服力。

丝绸 sīchóu *n.* silk
【配】丝绸之路,丝绸服装
【例】①中国丝绸品种丰富。②现在市场上有很多丝绸服装。

丝毫 sīháo *adj.* slightest amount/degree, a bit
【配】丝毫不差,丝毫不动
【例】①我和他没有丝毫关系。②她丝毫没有受到影响。

私人 sīrén *n.* private, personal

【配】私人生活，私人企业
【例】①这是她的私人物品。②他创办了一家私人企业。

思考 sīkǎo *v.* think, consider
【配】善于思考，思考问题
【例】①你要学会独立思考。②我现在不想思考任何问题。

思想 sīxiǎng *n.* thought, thinking, ideology
【配】交流思想
【例】①我们要做好中小学生的思想道德教育。②这篇课文的中心思想是什么？

撕 sī *v.* rip, tear
【配】撕破
【例】①她把信封撕开了。②他把墙上的画撕下来了。

似乎 sìhū *adv.* seemingly, apparently
【配】似乎明白
【例】①天似乎要下雨了。②她似乎要哭了。

搜索 sōusuǒ *v.* search for, look for, hunt
【配】搜索队，搜索数据
【例】①为了早日抓到罪犯，警方展开了全市范围的搜索。②我正在上网搜索信息。

宿舍 sùshè *n.* dormitory
【配】学生宿舍
【例】①这是工作人员的宿舍。②我不想在这个宿舍住了,我想换宿舍。
【扩】住宿(zhùsù; get accommodation)

随身 suíshēn *adj.* take sth with oneself
【配】随身携带,随身衣物
【例】①手机是年轻人随身携带的物品。②这次旅行,你随身带了什么?

随时 suíshí *adv.* at all times at any time
【配】随时随地
【例】①你有问题可以随时来问我。②你们准备好了叫我,我随时都可以走。

随手 suíshǒu *adv.* conveniently, without any extra effort
【配】随手关灯
【例】①请你随手把门带上。②出门时请随手关灯。

碎 suì *v./adj.* break into pieces; broken
【配】摔碎,碎布

【例】①茶杯被摔碎了。②地上有很多碎玻璃片。

损失 sǔnshī *n./v.* loss; lose

【配】经济损失,财产损失

【例】①这次地震,给他们带来了严重的损失。②这次雪灾使我们损失了几百万元。

缩短 suōduǎn *v.* shorten

【配】缩短距离

【例】①现在工作时间缩短了。②他把裤子缩短了一寸。

所 suǒ *part.* (used before a verb to form a noun phrase)

【配】所见所闻

【例】①我所读的书都是老师推荐的。②大家所提的意见都很对。

锁 suǒ *n./v.* lock

【配】铁锁,锁车

【例】①门上挂着一把锁。②你要记得把门锁上。

T

台阶 táijiē *n.* steps, staircase

【配】下台阶

【例】①这段台阶通向楼顶。②下台阶的时候要小心。

太极拳 tàijíquán *n.* Chinese shadow boxing, *tai chi chuan*
【配】学太极拳
【例】①很多人在广场上打太极拳。②他每天早上都打太极拳锻炼身体。

太太 tàitai *n.* wife, Mrs.
【配】张太太
【例】①我太太和他太太是好朋友。②王太太很漂亮。

谈判 tánpàn *v.* negotiate
【配】和平谈判，进行谈判，谈判内容
【例】①他们提出了谈判要求。②我们已经进行了正式谈判。

坦率 tǎnshuài *adj.* frank, candid
【配】坦率地说，为人坦率
【例】①她为人很坦率。②他十分坦率地表明了自己的观点。

烫 tàng *v./adj.* scald; boiling hot
【配】烫嘴，发烫
【例】①别让开水烫伤手。②汤太烫了，放凉了再喝吧。

逃 táo *v.* run away, escape

【配】逃走，逃离
【例】①他逃到别的地方躲起来了。②她幸运地从那个危险地方逃了出来。

逃避 táobì *v.* evade, escape
【配】逃避现实，逃避责任
【例】①他想逃避现实。②你不能逃避责任。
【扩】躲避（duǒbì; hide oneself）

桃 táo *n.* peach
【配】桃树，吃桃
【例】①她喜欢吃桃。②桃树上有很多桃。

淘气 táoqì *adj.* naughty, mischievous
【配】淘气的孩子
【例】①那个小男孩很淘气，不听话。②他是一个淘气的孩子，常常捉弄（zhuōnòng; tease）其他孩子。

讨价还价 tǎojià-huánjià bargain, haggle over the price
【例】①他跟老板讨价还价，希望价格能再便宜一点儿。②他擅长讨价还价。

套 tào *n./v./m.* cover; slip over; set, suit
【配】沙发套，套上外衣，一套家具

【例】①妈妈买了新的沙发套。②外面很冷,出去的时候要套上大衣。③公司买了一套新设备。

特色 tèsè *n.* characteristic, distinguishing quality, special feature
【配】传统特色,特色菜
【例】①这是这家餐厅的特色菜。②这种舞蹈很有民族特色。

特殊 tèshū *adj.* special, particular
【配】特殊地位
【例】①这只是特殊情况。②这项工作有一些特殊要求,你要注意。
【反】一般

特征 tèzhēng *n.* characteristic, feature
【配】艺术特征,民族特征
【例】①你了解儿童的心理特征吗?②从一个人的外貌特征可以了解他的一些性格特点。

疼爱 téng'ài *v.* love dearly, dote on
【配】疼爱孩子
【例】①母亲对几个女儿都很疼爱。②爸爸特别疼爱我。

提倡 tíchàng v. advocate, encourage
【配】提倡节约
【例】①我们提倡说普通话。②这种做法非常值得提倡。

提纲 tígāng n. outline
【配】列提纲
【例】①这是我在这次会议上的发言提纲。②她还在写论文提纲。

提问 tíwèn v. ask/raise a question
【配】记者提问，回答提问
【例】①现在是观众提问时间。②面对这样的提问，她不知道怎样回答。

题目 tímù n. title, topic
【配】论文题目
【例】①这篇文章的题目十分吸引人。②他演讲的题目与大学生就业问题有关。

体会 tǐhuì v./n. realise, learn from experience; understanding
【配】体会到，个人体会
【例】①我深刻体会到了父亲对我的关心。②读了这本书，你有什么体会？

体贴 tǐtiē *v.* be considerate
【配】温柔体贴
【例】①王老师十分体贴和爱护学生。②十岁的儿子懂得体贴父母了。

体现 tǐxiàn *v.* embody, reflect
【配】体现精神
【例】①英雄的身上体现了时代的精神。②她的思想在这本书中体现出来了。

体验 tǐyàn *v.* learn through practice
【配】体验生活
【例】①我想体验不同的人生。②这次经历使他第一次体验到父母的辛苦。

天空 tiānkōng *n.* sky
【配】蓝蓝的天空
【例】①草原上的天空特别蓝。②鸟儿飞向了天空。

天真 tiānzhēn *adj.* innocent, naive
【配】天真的孩子，天真可爱
【例】①一群天真可爱的孩子向我们跑了过来。②你太天真了，居然相信他的话。

调皮 tiáopí *adj.* naughty
【配】调皮的孩子
【例】①窗户被调皮的孩子打破了。②这个学生非常调皮。

调整 tiáozhěng *v.* adjust, regulate
【配】调整时间,调整计划
【例】①我们要合理地调整价格。②我们调整了生产计划。

挑战 tiǎozhàn *v.* challenge
【配】面对挑战,巨大的挑战
【例】①他面临的挑战会大一些。②我们要敢于接受别人的挑战。
【反】机遇 (jīyù)

通常 tōngcháng *adj./adv.* general, usual; normally
【配】通常情况
【例】①在通常情况下,天安门广场的国旗是跟日出同时升起的。②他通常起床后要跑四十分钟的步。

统一 tǒngyī *adj./v.* unified; unify
【配】统一的意见,统一思想
【例】①为了这次演出,我们买了统一的服装。②大家要把思想统一起来。

痛苦 tòngkǔ *adj.* painful, anguished
【配】痛苦的回忆，痛苦的生活
【例】①她感到非常痛苦。②这对他来说是一段痛苦的回忆。

痛快 tòngkuài *adj.* happy, forthright
【配】真痛快，痛快地玩
【例】①他比赛拿了冠军，心里很痛快。②她痛快地答应了我们的要求。

偷 tōu *v.* steal
【配】偷钱，偷东西
【例】①我上周刚买的自行车被偷了。②人多的地方要小心钱包别被偷。

投入 tóurù *v./adj.* put into, invest; absorbed
【配】投入时间，投入精力，投入地工作
【例】①他每天一到办公室就投入工作。②我们为这次表演投入了很多的时间和精力。③他每次听音乐会都听得很投入。

投资 tóuzī *v./n.* invest; investment

【配】投资办学,收回投资
【例】①这是由政府投资开办的工厂。②他增加了在这个地区的投资。

透明 tòumíng *adj.* transparent, diaphanous
【配】透明的液体,半透明
【例】①这是一块透明的玻璃。②他们公司的管理制度非常透明。

突出 tūchū *v./adj.* stress, highlight; prominent
【配】突出重点,表现突出
【例】①写论文要突出主要观点。②他这学期的表现很突出。

土地 tǔdì *n.* land
【配】土地资源,利用土地
【例】①我们要合理利用土地资源。②这里的土地面积很大。

土豆 tǔdòu *n.* potato
【配】土豆泥,土豆片
【例】①我们去市场上买了几个土豆。②他喜欢吃炒土豆丝。

吐 tǔ *v.* spit (out)
【配】吐痰，吐西瓜子
【例】①禁止随地吐痰。②他吃葡萄不吐葡萄皮。

兔子 tùzi *n.* rabbit, hare
【配】小兔子
【例】①我们家养了一只可爱的小兔子。②兔子的耳朵很长。

团 tuán *n.* group, sth shaped like a ball
【配】代表团，纸团
【例】①这个景点每天要接待很多旅游团。②他扔过来一个纸团。

推辞 tuīcí *v.* decline, refuse
【配】推辞不去
【例】①你就不要再推辞了。②他已经请我好几次了，我也不好推辞。

推广 tuīguǎng *v.* popularise, spread
【配】推广经验
【例】①推广普通话可以方便各地交流。②他们在努力推广新技术。

推荐 tuījiàn *v.* recommend
【配】推荐人,推荐单位
【例】①这是王教授给我写的推荐信。②朋友推荐她去当老师。

退 tuì *v.* move back, withdraw, return
【配】向后退,退票
【例】①他往后退了一步。②你帮我把这份礼物退了吧。
【扩】辞退(cítuì; dismiss, discharge)

退步 tuìbù *v.* fall/lag behind
【配】学习退步
【例】①她这学期的学习退步了。②小明的表现退步了。
【反】进步

退休 tuìxiū *v.* retire
【配】退休人员,退休金
【例】①他们都是退休工人。②他去年就退休了。

W

歪 wāi *adj.* tilted, askew
【配】歪嘴
【例】①他歪戴着帽子。②这幅画挂歪了。

外公 wàigōng *n.* (maternal) grandfather
【例】①我和妈妈每个周末都会去看望外公。②外公比爷爷大一岁。

外交 wàijiāo *n.* diplomacy
【配】外交政策
【例】①他从事外交工作。②这个国家同很多国家都建立了外交关系。

完美 wánměi *adj.* perfect
【配】完美结合
【例】①我们的计划非常完美。②她的表演接近完美。

完善 wánshàn *v./adj.* perfect, improve; perfect
【配】完善制度
【例】①我们要不断完善教育制度。②这个计划还有不够完善的地方。

完整 wánzhěng *adj.* complete
【配】结构完整
【例】①我们要建立一个完整的工业体系。②这部长篇小说被完整地保存了下来。

玩具 wánjù *n.* toy

【配】儿童玩具
【例】①过春节要给孩子们买些什么玩具？②爸爸给他买了一辆玩具车。

万一 wànyī *conj./n.* just in case; contingency
【例】①万一下雨也不要紧，我带着伞呢。②不怕一万，就怕万一。

王子 wángzǐ *n.* prince
【配】小王子
【例】①孩子们都喜欢听王子和公主的故事。②他是一位优秀的王子。

网络 wǎngluò *n.* network
【配】通信网络，网络学校
【例】①如今通信网络已经很发达了。②网络计算机方便了我们的生活。

往返 wǎngfǎn *v.* go/travel to and fro
【配】往返车票
【例】①去那里往返需要四个小时。②我们要订往返的机票。
【扩】返回 (fǎnhuí; return)

危害 wēihài *v.* endanger, harm
【配】危害生命
【例】①他们的行为已经危害到正常的社会秩序了。②空气污染会严重危害人们的身体健康。

威胁 wēixié *v.* threaten, menace
【配】威胁别人，受到威胁
【例】①他用孩子来威胁她交出钥匙。②我不会害怕你的威胁。

微笑 wēixiào *n./v.* smile
【配】面带微笑，微笑面对
【例】①他总是面带微笑。②每次见面，她都会对我微笑。

违反 wéifǎn *v.* violate, run counter to
【配】违反纪律
【例】①你们不能违反规定。②他已经违反了法律。

围巾 wéijīn *n.* scarf, muffler
【配】一条围巾，戴围巾
【例】①她送给我一条白色的围巾。②我刚买了一条围巾。

围绕 wéirào *v.* centre on, revolve around
【配】紧密围绕
【例】①大家围绕生产问题提出了很多建议。②月亮围绕着地球转。

唯一 wéiyī *adj.* sole, only
【配】唯一途径
【例】①这是唯一的办法。②她是我唯一的亲人。

维修 wéixiū *v.* keep in (good) repair, service, maintain
【配】维修汽车，维修工，设备维修
【例】①他的房子正在维修中。②那几个工人正在维修汽车。
【同】修理

伟大 wěidà *adj.* great, mighty
【配】伟大的母亲
【例】①他是一位伟大的英雄。②这是我们伟大的祖国。

尾巴 wěiba *n.* tail
【配】老虎尾巴，一条尾巴
【例】①小狗的尾巴在不停地摆动。②彗星 (huìxīng; comet) 拖着长长的尾巴。

委屈 wěiqu *adj./v.* wronged, aggrieved; put sb to great inconvenience
【配】受委屈，委屈你了
【例】①他觉得特别委屈。②房间比较旧，委屈你暂时住两天。

未必 wèibì *adv.* may not, not necessarily
【配】未必正确，未必会来
【例】①她未必知道。②这消息未必可靠。

未来 wèilái *n.* future
【配】美好的未来
【例】①他认为公司的未来充满希望。②美好的未来需要我们努力创造。

位于 wèiyú *v.* be located, be situated, lie
【配】位于山脚下
【例】①韩国位于中国东边。②房屋位于河附近。

位置 wèizhì *n.* place, location
【配】地理位置，准确位置
【例】①上飞机后请在自己的位置上坐好。②你现在在什么位置？我过去找你。

胃 wèi *n.* stomach
【配】胃病
【例】①她有胃病,常常感到胃不舒服。②你的胃没有问题。

胃口 wèikǒu *n.* appetite, liking
【配】胃口好,没胃口,合胃口
【例】①他今天胃口很好,吃了不少。②这部小说不合他的胃口。

温暖 wēnnuǎn *adj.* warm
【配】天气温暖
【例】①他有一个幸福温暖的家庭。②她们让我感受到了集体的温暖。

温柔 wēnróu *adj.* gentle and soft
【配】性格温柔
【例】①她是一个温柔体贴的妻子。②她非常温柔地向我微笑。

文件 wénjiàn *n.* document, file
【配】重要文件,外交文件
【例】①他负责整理会议的相关文件。②这是一份正式文件。

【扩】文件夹（wénjiànjiā; file folder）

文具 wénjù *n.* stationery
【配】文具盒
【例】①办公室有各种文具供员工使用。②咱们去附近的文具店看看。

文明 wénmíng *n./adj.* civilisation; civilised
【配】创造文明，物质文明
【例】①印刷术在人类文明的发展史上，具有重要的地位。②这人说话真不文明。

文学 wénxué *n.* literature
【配】文学作品
【例】①书架上有许多文学杂志。②我很喜欢看文学作品。

文字 wénzì *n.* characters
【配】语言文字
【例】①汉字是记录汉语的文字。②大部分语言都有自己的文字。

闻 wén *v.* smell
【配】闻到

【例】①这味道不好闻。②他一走进教室就闻到一股香味儿。

吻 wěn v. kiss
【配】亲吻
【例】①妈妈在孩子的脸上吻了一下。②他吻了她一下。

稳定 wěndìng adj./v. stable, steady; stablise
【配】情绪稳定,稳定的工作,稳定物价
【例】①他有一份稳定的工作。②她现在的生活很稳定。③国家的这些政策都是为了稳定经济。

问候 wènhòu v. send one's regards to
【配】新年问候,亲切的问候
【例】①她给我们带来了节日的问候。②请代我问候老师。

卧室 wòshì n. bedroom
【配】舒适的卧室
【例】①这间主卧室朝南。②这个房子有三间漂亮的小卧室。

握手 wòshǒu v. shake hands

【配】和他握手

【例】①握手之后，我们简单聊了几句。②见面的时候，我们握了握手。

屋子 wūzi *n.* room

【配】干净的屋子

【例】①从屋子里走出一位老人。②这是一间很小的屋子。

【扩】房屋（fángwū; house, building）

无奈 wúnài *v.* have no choice, cannot help but

【配】无奈地说

【例】①她只能无奈地离开了。②这是一种无奈的选择。

无数 wúshù *adj.* innumerable, countless

【配】无数英雄，无数次

【例】①天上有无数颗星星。②经过无数次的失败，这项试验终于成功了。

无所谓 wúsuǒwèi *v.* be indifferent, not care

【例】①挣多少钱无所谓，只要工作有意思就行。②去哪儿玩无所谓，只要是跟你一起去。③这件事很重要，不能抱着无所谓的态度。

武术 wǔshù *n.* Chinese martial arts, *wushu*
【配】武术比赛,练习武术
【例】①他很喜欢看武术表演。②他是一位武术比赛冠军。

勿 wù *adv.* (used in prohibitions, admonitions, etc) not, never
【配】请勿,切勿
【例】①危险!勿走近!②勿因小失大。

物理 wùlǐ *n.* physics
【配】物理实验,物理课
【例】①他很喜欢上物理课。②他是一位大学物理老师。

物质 wùzhì *n.* matter, substance, material
【配】物质条件,物质文明
【例】①现在我们的物质条件比以前好很多。②物质生活和精神生活都很重要。

雾 wù *n.* fog, mist
【配】一场大雾
【例】①今天有大雾。②雾中开车要特别注意安全。

X

吸取 xīqǔ *v.* absorb, draw
【配】吸取教训，吸取经验
【例】①植物从泥土中吸取水分。②你应该从这件事中吸取教训。

吸收 xīshōu *v.* absorb, assimilate
【配】吸收营养，吸收水分
【例】①这些食物比较容易吸收。②我们要多吸收新知识、新技术。

戏剧 xìjù *n.* drama
【配】戏剧学校，戏剧表演
【例】①她是一名戏剧演员。②我很喜欢戏剧文学。

系 xì *n.* department
【配】哲学系，文学系
【例】①她是物理系的学生。②新闻学院下面有五个系。

系统 xìtǒng *n./adj.* system; systematic
【配】电脑系统，系统的研究
【例】①这主要是因为神经系统出了问题。②我们对这些现象进行了系统的分析。

细节 xìjié *n.* detail
【配】细节描写,重要细节
【例】①我们要注意工作的细节。②这件事的细节我明天和你说。

瞎 xiā *v./adv.* be blind; blindly
【配】眼瞎,瞎说
【例】①她的左眼瞎了。②你不了解情况就别瞎说。

下载 xiàzài *v.* download
【配】下载资料,下载软件
【例】①他在用我的电脑下载音乐。②现在这个时间下载电影会很慢。

吓 xià *v.* frighten, scare
【配】吓了一跳
【例】①别吓着孩子。②半夜打扮成这样会吓到人的。

夏令营 xiàlìngyíng *n.* summer camp
【配】学校夏令营,参加夏令营
【例】①我在夏令营认识了很多新朋友。②暑假我参加了学校的英语夏令营。

鲜艳 xiānyàn *adj.* bright-coloured

【配】色彩鲜艳
【例】①她穿着色彩鲜艳的民族服装。②我觉得红色很鲜艳。

显得 xiǎnde *v.* look, appear
【配】显得亲切
【例】①妈妈穿上这套衣服,显得更年轻了。②他听到这个消息后,显得很紧张。

显然 xiǎnrán *adj.* obvious
【配】很显然
【例】①很显然,她不知道我们在说什么。②实际情况显然不是这样的。

显示 xiǎnshì *v.* show, display
【配】显示才能
【例】①他的工作能力很快就显示出来了。②数据显示,这个月物价上涨得比较快。
【扩】显示器 (xiǎnshìqì; display)

县 xiàn *n.* county
【配】县长,县城
【例】①你是哪个县的人?②我们不是一个县的。

现代 xiàndài *n.* modern times, contemporary age
【配】现代人
【例】①他是最伟大的现代画家之一。②现代服装跟古代的有很大的区别。
【扩】现代化（xiàndàihuà; modernisation）

现实 xiànshí *n./adj.* reality; realistic
【配】面对现实，现实意义
【例】①我们要努力把理想变为现实。②这是一个比较现实的方法。

现象 xiànxiàng *n.* phenomenon, appearance
【配】社会现象
【例】①下雨是一种常见的自然现象。②看问题不能只看现象，要看本质。
【反】本质

限制 xiànzhì *v./n.* restrict, limit; restriction, limitation
【配】限制自由，没有限制
【例】①这个博物馆（bówùguǎn; museum）限制了每天的参观人数。②我们对这次参加比赛的人没有年龄限制。

相处 xiāngchǔ *v.* get along (with), live together

【配】和平相处
【例】①我们相处得很好。②我们要和大自然友好相处。

相当 xiāngdāng *adv.* quite, rather
【配】相当厉害
【例】①这个任务相当艰巨。②这次演出相当成功。

相对 xiāngduì *adj.* relative, comparative
【配】相对稳定
【例】①长与短是相对的。②这附近的房价相对低一些。

相关 xiāngguān *v.* be related, be connected
【配】相关问题,密切相关
【例】①他已经提到了相关内容。②学校已经开设了相关课程。

相似 xiāngsì *adj.* alike, similar
【配】十分相似,相似的问题
【例】①他们俩的声音很相似。②我们遇到了相似的情况。

香肠 xiāngcháng *n.* sausage
【配】一根香肠

【例】①广东的香肠是甜的,四川的香肠是辣的。②我觉得烤香肠的味道不错。

享受 xiǎngshòu *v.* enjoy
【配】享受生活
【例】①她躺在沙滩上享受阳光。②听音乐是一种美的享受。
【扩】分享 (fēnxiǎng; share)

想念 xiǎngniàn *v.* miss
【配】想念亲人,十分想念
【例】①他非常想念他的妻子。②我真想念那个地方。

想象 xiǎngxiàng *v./n.* imagine; imagination
【配】很难想象,丰富的想象
【例】①她在想象未来的生活。②这只是我的想象而已。

项 xiàng *m.* item
【配】各项,第一项
【例】①你还有一项工作没有完成。②环境保护是一项重要而长期的任务。

项链 xiàngliàn *n.* necklace

【配】戴项链，黄金项链
【例】①她刚买了一条手工项链。②她设计的项链很漂亮。

项目 xiàngmù *n.* item, project, event
【配】运动项目，项目经理
【例】①这次运动会有八个运动项目。②他是这个项目的负责人。

象棋 xiàngqí *n.* Chinese chess
【配】下象棋
【例】①你要参加象棋比赛吗？②他对中国象棋很感兴趣。

象征 xiàngzhēng *v./n.* symbolise, signify; symbol, emblem
【配】象征和平
【例】①白色象征着纯洁。②鸽子是和平的象征。

消费 xiāofèi *v.* consume
【配】消费水平，消费能力
【例】①这些年人们的消费观念有了很大变化。②我们要努力满足大家的消费需要。

消化 xiāohuà *v.* digest

【配】消化系统
【例】①食物在胃里被慢慢消化。②对这项新技术大家要有一个消化的过程。

消极 xiāojí *adj.* negative, passive
【配】态度消极，消极影响
【例】①自从经历那件事情之后，他就变得十分消极。②最近他的情绪很消极。
【反】积极

消失 xiāoshī *v.* disappear, vanish
【配】彻底消失
【例】①这些现象全部消失了。②这种植物已经在地球上完全消失了。

销售 xiāoshòu *v.* sell, market
【配】汽车销售，销售情况
【例】①我们要调整这些商品的销售价格。②这些新产品很快会在市场上进行销售。
【扩】促销（cùxiāo; promote sales）
销量（xiāoliàng; sales, volume）

小麦 xiǎomài *n.* wheat
【配】收小麦

【例】①夏天是小麦成熟的季节。②现在小麦多少钱一斤?

小气 xiǎoqi *adj.* stingy, mean
【配】小气鬼
【例】①这个都要算,你也太小气了吧。②人们都觉得他很小气。

孝顺 xiàoshùn *v.* show filial obedience
【配】孝顺父母
【例】①你要好好孝顺父母。②她是一个非常孝顺的孩子。

效率 xiàolǜ *n.* efficiency
【配】效率很高,学习效率
【例】①我们要提高工作效率。②这台机器的生产效率降低了。

歇 xiē *v.* have a rest
【配】歇一会儿
【例】①工作累了就先歇一下吧。②等忙完了这件事,我一定要好好歇一歇。

斜 xié *adj./v.* inclined, tilted; tilt

【配】斜线，歪斜，斜向一边
【例】①我的学校就在我家斜对面。②这条线画斜了。③他把头斜向了一边。

血 xuè/xiě *n.* blood
【配】流血，贫血
【例】①小丽有点儿贫血。②我们今天去献了血。

写作 xiězuò *v.* write
【配】新闻写作，写作技巧
【例】①小明很擅长写作。②这些年，他一直忙于写作。

心理 xīnlǐ *n.* psychology, mentality
【配】心理健康，心理压力
【例】①结果不知道会怎样，你要有心理准备。②她现在的心理状态很好。

心脏 xīnzàng *n.* heart
【配】心脏病
【例】①她的心脏不太好。②他的心脏已经停止跳动了。

欣赏 xīnshǎng *v.* enjoy, appreciate

【配】欣赏风景，懂得欣赏
【例】①你要学会欣赏别人的优点。②他们一起去欣赏花园的景色。
【扩】观赏（guānshǎng; enjoy the sight of）

信号 xìnhào *n.* signal
【配】发出信号，手机信号
【例】①我们已经收到他发出的信号了。②这里手机信号不好。

信任 xìnrèn *v.* trust, have confidence in
【配】互相信任，信任他
【例】①夫妻之间，信任是很重要的。②他办事很认真，我们都很信任他。

行动 xíngdòng *v./n.* take action; action
【配】马上行动，采取行动
【例】①你们需要立刻行动起来。②大家要对这次的行动保密。

行人 xíngrén *n.* pedestrian
【配】路上的行人
【例】①早上七点，街上的行人开始多起来。②下雪天的晚上，路上几乎没有一个行人。

行为 xíngwéi *n.* behaviour
【配】个人行为，违法行为
【例】①你要对自己的行为负责。②这是不正当 (zhèngdàng; proper) 竞争的行为。

形成 xíngchéng *v.* form, take shape
【配】形成规模
【例】①这里很快形成了一个市场。②钻石 (zuànshí; diamond) 的形成过程相当复杂。

形容 xíngróng *v.* describe
【配】无法形容
【例】①用语言很难形容我现在的心情。②她的表现可以用"完美"来形容。

形式 xíngshì *n.* form, shape
【配】多种形式，表现形式
【例】①她讲课形式活泼，学生们很喜欢。②对图书来说，内容和形式都很重要。

形势 xíngshì *n.* situation
【配】经济形势
【例】①我们要适应形势的发展。②这反映了世界经济形势的发展特点。

形象 xíngxiàng *n./adj.* image, figure; vivid
【配】国际形象,人物形象,形象地描述
【例】①周到的服务形成了公司的良好形象。②他这部小说中的人物形象很生动。③这个比喻(bǐyù; metaphor)太形象了!

形状 xíngzhuàng *n.* shape
【配】形状相似,各种形状
【例】①这块石头的形状很特别。②我喜欢这种形状的灯笼(dēnglong; lantern)。
【扩】外形(wàixíng; appearance)

幸亏 xìngkuī *adv.* fortunately, luckily
【例】①幸亏有你在,不然我都不知道怎么办好了。②幸亏他叫醒了我,否则我就迟到了。

幸运 xìngyùn *adj.* fortunate, lucky
【配】很幸运,幸运数字
【例】①我这次真是太幸运了。②真幸运,我得到了那份工作。

性质 xìngzhì *n.* nature, character
【配】问题的性质,独特性质
【例】①这些物质的化学性质都不一样。②这个问题的性质很特殊。

兄弟 xiōngdì *n.* brothers
【配】兄弟关系，好兄弟
【例】①我们家有三兄弟。②他们兄弟之间的感情很好。

胸 xiōng *n.* chest, thorax
【配】胸口
【例】①他的胸部长了一个东西，需要动手术。②她最近总觉得胸口很疼。

休闲 xiūxián *v.* have leisure
【配】休闲食品
【例】①最近我都没有什么休闲时间了。②这是一个大型的休闲广场。

修改 xiūgǎi *v.* modify, revise
【配】修改方案，反复修改
【例】①我们需要修改一下合同。②这项计划经过多次修改才完成。

虚心 xūxīn *adj.* modest, open-minded
【配】虚心学习

【例】①虚心使人进步，骄傲使人落后。②你要虚心学习别人的优点。
【反】骄傲

叙述 xùshù v. narrate, recount
【配】叙述故事，详细地叙述
【例】①她向我们叙述了事情发生的过程。②老师把课文内容简单地叙述了一遍。

宣布 xuānbù v. announce, declare
【配】宣布结束，宣布独立
【例】①他上台向大家宣布了这个消息。②这家公司宣布正式成立。

宣传 xuānchuán v. propagate, give publicity to
【配】宣传工作，广泛宣传
【例】①他在书里宣传他的思想。②他积极宣传他们公司的新产品。

学历 xuélì n. record of formal schooling
【配】学历证书，高中学历
【例】① 2010 年，他获得了大学本科学历。②找工作时学历很重要。

学术 xuéshù n. learning, science

【配】学术会议，学术交流
【例】①他已经发表了很多学术论文。②我们老师经常参加一些学术活动。

学问 xuéwen *n.* knowledge
【配】学问很深，有学问
【例】①他是个很有学问的人。②王教授的学问很深。

寻找 xúnzhǎo *v.* look for, seek
【配】寻找机会，寻找答案
【例】①你要寻找到一条适合自己的人生发展道路。②鸟儿们还在寻找食物。

询问 xúnwèn *v.* ask about, enquire
【配】询问情况，详细询问
【例】①她亲切地询问老人们的生活情况。②记者还在询问他的消息。

训练 xùnliàn *v.* train, drill
【配】训练班，严格训练
【例】①他们都受过专业训练。②你们要认真训练。
【同】培训

迅速 xùnsù *adj.* rapid, swift
【配】动作迅速，迅速前进

【例】①听到老师叫他，他迅速跑了过来。②他的反应很迅速。

Y

押金 yājīn *n.* cash pledge, deposit
【配】交押金
【例】①我在办卡时交了100元押金。②病人住院时要先付押金。

牙齿 yáchǐ *n.* tooth
【配】一颗牙齿，一副牙齿
【例】①从小就要注意牙齿卫生。③她一笑就露出八颗洁白（jiébái; clean and white）的牙齿。

延长 yáncháng *v.* lengthen, extend
【配】延长时间，延长期限
【例】①会议延长了半个小时。②这条路又延长了50公里。

严肃 yánsù *adj.* serious, earnest
【配】严肃的表情，态度严肃
【例】①他是个严肃的人，很少开玩笑。②我们会严肃处理这个问题的。

演讲 yǎnjiǎng *v./n.* give a lecture, make a speech; speech

【配】为……演讲，做演讲
【例】①他正在大会上演讲。②这位学者为大学生做了一系列演讲。

宴会 yànhuì *n.* banquet, feast
【配】举行宴会
【例】①今天我们要去参加一场宴会。②宴会将在国际交流中心举行。

阳台 yángtái *n.* balcony
【配】在阳台上
【例】①他们家的阳台很大。②他在阳台上晒太阳。

痒 yǎng *adj.* itchy
【配】很痒
【例】①我的手被蚊子 (wénzi; mosquito) 咬了，很痒。②这个药的止痒效果很好。

样式 yàngshì *n.* pattern, style
【配】最新样式，衣服样式
【例】①你这双鞋样式很好看。②这种样式的衣服我们店里只有一件了。

腰 yāo *n.* waist
【配】腰痛，弯腰

【例】①这几天他老是腰酸背痛的。②她腰上系了条红腰带。

摇 yáo *v.* shake, wave
【配】摇头，摇尾巴
【例】①她摇摇头，拒绝了我的建议。②他不停地摇着手中的旗子。

咬 yǎo *v.* bite
【配】咬苹果
【例】①她咬了一口苹果。②这栗子 (lìzi; chestnut) 太硬了，我咬不动。

要不 yàobù *conj.* otherwise, or else
【配】要不这样
【例】①下雨了，要不我们明天去？②我打不开，要不你试试看？

业务 yèwù *n.* professional work, business
【配】业务水平，发展业务
【例】①他的业务能力很强。②他整天在外面跑业务。

业余 yèyú *n./adj.* spare time; amateur
【配】业余时间，业余歌手

【例】①唱歌是她的业余爱好。②他是一个业余运动员。

夜 yè *n.* night, evening
【配】夜里，深夜
【例】①他已经连续工作两天两夜了。②这几天夜里，他老是做恶梦。

依然 yīrán *adv.* the same as before
【配】依然这样，依然美丽
【例】①这么多年没见，你依然这么年轻。②几年没来了，这家店的东西依然这么好吃。
【同】仍然

一辈子 yíbèizi *n.* all one's life, lifetime
【配】活了一辈子
【例】①老王一辈子都没出过国。②婚姻是一辈子的事。

一旦 yídàn *adv.* once, in case
【配】一旦错过
【例】①他一旦开始工作，就谁也不理了。②机会一旦错过，就很难再来。

一律 yílǜ *adv.* without exception

【配】一律要求，一律平等
【例】①出入校门，请一律出示学生证。②国家不分大小，一律平等。

一再 yízài *adv.* again and again, repeatedly
【配】一再要求，一再感谢
【例】①他一再撒谎。②她一再向我们表示感谢。

一致 yízhì *adj./adv.* identical, unanimous; together
【配】想法一致，达成一致，一致通过
【例】①我们对这件事的看法是一致的。②他的说法跟以前不一致。③所有成员一致同意取消会议。

移动 yídòng *v.* move
【配】正在移动，向……移动
【例】①冷空气正在向南移动。②队伍开始慢慢移动了。

移民 yímín *v./n.* immigrate; immigrant
【配】移民加拿大 (Jiānádà; Canada)，外国移民
【例】①去年他们全家移民去了美国。②他们都是外国移民。

遗憾 yíhàn *v./n.* regret; lasting remorse
【配】感到遗憾，终身遗憾

【例】①没能参加你的婚礼真是太遗憾了。②人一辈子不可能没有遗憾的事情。③昨晚没看到流星(liúxīng; meteor) 真是今年最大的遗憾。

疑问 yíwèn *n.* question, doubt
【配】有疑问
【例】①你有什么疑问可以提出来。②我对这件事是有疑问的。

乙 yǐ *n.* second
【配】乙级，乙方
【例】①这些产品的质量属于乙级。②甲方和乙方达成了合作协议。

以及 yǐjí *conj.* and, as well as
【例】①今明两天以及下个星期，我们都会在这里。②院子里种着白菜、黄瓜以及萝卜(luóbo; radish)。

以来 yǐlái *n.* period of time since
【配】自古以来，长期以来
【例】①这是小明上学以来第一次得100分。②从星期三以来，他就一直在房间里待着。

亿 yì *num.* a hundred million

【配】1亿
【例】①中国有13亿人。②修这条路用了3亿元。

义务 yìwù *n.* obligation, duty
【配】有义务，承担义务
【例】①我们有义务帮助他。②保护环境是我们的义务。
【反】权利

议论 yìlùn *v.* comment, discuss
【配】议论纷纷
【例】①大家不要再议论这件事了。②对于他的辞职，大家议论纷纷。

意外 yìwài *adj./n.* unexpected; accident
【配】感到意外，发生意外
【例】①对于我们的出现，他并不觉得意外。②如果不出意外，我们明天上午就能到。

意义 yìyì *n.* meaning, significance
【配】有意义，意义重大
【例】①你这样做没有任何意义。②这一天对她来说意义重大。

因而 yīn'ér *conj.* as a result

【例】①这家店的饭菜味道好,价格又便宜,因而生意特别好。②他经常迟到,因而领导对他很有意见。

因素 yīnsù *n.* factor, element
【配】重要因素
【例】①刻苦努力是他成功的关键因素。②地球变暖是很多因素造成的。

银 yín *n.* silver
【配】银项链
【例】①现在银的价格在上涨。②她戴着一条银项链。

印刷 yìnshuā *v.* print
【配】印刷厂,印刷程序
【例】①这本书正在印刷。②印刷厂的印刷设备很多。

英俊 yīngjùn *adj.* handsome
【配】相貌英俊
【例】①这个男演员真英俊。②美丽的公主最终嫁给了英俊的王子。

英雄 yīngxióng *n.* hero
【配】当代英雄,民族英雄
【例】①你是我们的英雄!②那个年代有很多英雄人物。

迎接 yíngjiē *v.* welcome, meet
【配】迎接客人，迎接春节
【例】①大家是专门来车站迎接你的。②我们已经准备好迎接新的挑战了。

营养 yíngyǎng *n.* nutrition
【配】有营养，营养丰富
【例】①这种汤很有营养。②这孩子最近有点儿营养不良。

营业 yíngyè *v.* do business
【配】正常营业，营业时间
【例】①本店周末也正常营业。②这家商店的营业时间是上午九点到晚上八点。

影子 yǐngzi *n.* shadow, reflection
【配】树的影子，黑影子
【例】①窗户上有个黑影子。②我看到了水中的月亮影子。

应付 yìngfù *v.* deal with, do sth perfunctorily
【配】灵活应付，应付一下
【例】①生意太好，老板都应付不过来了。②你随便应付一下就好了，别太认真。

应用 yìngyòng v. apply, use
【配】应用新技术
【例】①这种新技术得到了广泛应用。②这种软件在实际应用过程中还存在很多问题。

硬 yìng adj. hard, tough
【配】很硬
【例】①这个馒头太硬了,我都咬不动。②这块石头可真硬!
【反】软

硬件 yìngjiàn n. hardware
【配】电脑硬件
【例】①这台电脑的硬件设备很好。②我的电脑硬件出现了一些问题,要送去修理。

拥抱 yōngbào v. hug, embrace
【配】热情拥抱
【例】①他们俩紧紧拥抱在一起。②让我们热情地拥抱明天吧!

拥挤 yōngjǐ adj./v. congested; push and squeeze
【配】很拥挤,不要拥挤
【例】①每天这个时候地铁都很拥挤。②大家排好队,不要拥挤。

勇气 yǒngqì *n.* courage
【配】充满勇气
【例】①他终于鼓起勇气说出了他的想法。②你这样做是很有勇气的。

用功 yònggōng *adj./v.* hardworking, diligent; work hard
【配】用功的学生，努力用功
【例】①他发奋学习，十分用功。②别打扰他，他正在用功呢。

用途 yòngtú *n.* use
【配】用途广泛
【例】①塑料的用途很广泛。②这种机器有很多用途。

优惠 yōuhuì *adj.* favourable, preferential
【配】优惠活动
【例】①现在很多商场在搞打折优惠活动。②外商来这里投资有很多优惠条件。

优美 yōuměi *adj.* graceful, fine
【配】姿势优美
【例】①她的舞蹈动作很优美。②这里风景很优美。

优势 yōushì *n.* superiority, advantage
【配】有优势，优势明显
【例】①现在场上红队占优势。②与他相比，你最大的优势是年轻。

悠久 yōujiǔ *adj.* long-standing, age-old
【配】悠久的历史，悠久的文化
【例】①这座城市历史悠久。②这是一项悠久的文化传统。

犹豫 yóuyù *adj.* hesitate
【配】犹豫不决
【例】①他正在犹豫到底要不要去。②你别再犹豫了，快走吧！

油炸 yóuzhá *v.* deep-fry
【配】油炸馒头
【例】①油炸的东西要少吃。②她喜欢吃油炸土豆片。

游览 yóulǎn *v.* go sightseeing, tour
【配】游览长城，游览景点
【例】①我们今天游览了黄山。②我们去那座古镇游览一下吧。

有利 yǒulì *adj.* advantageous, favourable
【配】有利条件
【例】①现在的情况对我们很有利。②这儿的气候有利于多种植物的生长。

幼儿园 yòu'éryuán *n.* kindergarten
【配】上幼儿园
【例】①他儿子已经上幼儿园了。②这是全市最好的幼儿园。

娱乐 yúlè *n.* entertainment, amusement
【配】娱乐活动
【例】①他喜欢看娱乐节目。②唱歌是他最喜欢的娱乐活动。

与其 yǔqí *conj.* rather than
【配】与其……不如……
【例】①与其在这里等着,不如走过去。②与其说他是不想去,还不如说他是不敢去。

语气 yǔqì *n.* tone, manner of speaking
【配】平静的语气
【例】①他说这话的时候语气很平静。②你不能用这种语气跟长辈说话。

玉米 yùmǐ *n.* corn
【配】种玉米，玉米粒
【例】①我很喜欢吃玉米。②这个玉米很甜。

预报 yùbào *v./n.* forecast; prediction
【配】预报情况，天气预报
【例】①气象台 (qìxiàngtái; weather station) 预报明天有冷空气。②天气预报说明天会下雨。

预订 yùdìng *v.* book, subscribe, reserve
【配】预订房间，预订杂志
【例】①我们预订了宾馆的房间。②我在网上预订了回家的机票。
【扩】订单 (dìngdān; purchase order)

预防 yùfáng *v.* take precautions against
【配】预防疾病，及时预防
【例】①多用热水泡脚可以预防感冒。②我们要采取措施预防这种传染病。

元旦 Yuándàn *n.* New Year's Day
【配】元旦快乐，庆祝元旦
【例】①新的一年到了，祝大家元旦快乐！②元旦放假三天。

员工 yuángōng *n.* staff, personnel
【配】优秀员工，员工培训
【例】①公司规定，新员工都要参加培训。②她被评为今年的优秀员工了。

原料 yuánliào *n.* raw material
【配】生产原料，工业原料
【例】①造纸的原料有很多种。②这种原料需要从国外进口。

原则 yuánzé *n./adv.* principal; in principal
【配】基本原则，原则上
【例】①你应该坚持自己的原则。②他原则上同意了我的要求。

圆 yuán *adj.* round, circular
【配】圆形，圆脸
【例】①今天的月亮很圆。②她的脸圆圆的，很可爱。

愿望 yuànwàng *n.* wish
【配】实现愿望
【例】①我可以帮你实现三个愿望。②她的生日愿望是希望自己有一架钢琴。

乐器 yuèqì *n.* musical instrument
【配】演奏乐器
【例】①我最喜欢的乐器是钢琴。②这次音乐会上有很多中国的传统乐器表演。

晕 yūn *adj./v.* dizzy; faint
【配】晕倒
【例】①这么多字,看得我头都晕了。②他刚站起来就又晕倒了。

运气 yùnqi *n.* luck, fortune
【配】运气好
【例】①我今天运气真是太好了。②他今天运气不好,到车站的时候车正好开走了。

运输 yùnshū *v.* transport
【配】交通运输,运输工具
【例】①这列火车是专门运输煤炭的。②由于下雪,交通运输受到了很大影响。

运用 yùnyòng *v.* apply, put to use
【配】灵活运用,运用电脑
【例】①我们要在日常生活中多运用新学的词语。②他很聪明,能灵活运用学过的知识。

Z

灾害 zāihài *n.* disaster, calamity
【配】自然灾害，预防灾害
【例】①地震是一种可怕的自然灾害。②我们要采取措施减少灾害性天气带来的破坏。

再三 zàisān *adv.* again and again
【配】再三考虑
【例】①虽然我再三劝说，但她坚持要这么做。②爸爸再三强调，出门要注意安全。

在乎 zàihu *v.* care about
【配】在乎某人
【例】①走自己的路，何必在乎别人的看法。②他是一个很在乎家人的人，所以选择在离家近的城市工作。
【同】在意 (zàiyì)

在于 zàiyú *v.* lie in, consist in
【例】①生命在于运动。②我学习汉语的困难在于发音，而不在于汉字。③取得成功的关键在于坚持。

赞成 zànchéng *v.* agree with, approve of
【配】赞成票，赞成计划

【例】①赞成去唱歌的同学请举手。②大家都不赞成他这个想法。

赞美 zànměi *v.* praise
【配】受到赞美,赞美别人
【例】①他的精彩表演受到了大家的赞美。②他在诗中赞美了自己的家乡。

糟糕 zāogāo *adj.* too bad, terrible
【配】真糟糕,糟糕的天气
【例】①这真是糟糕的一天!②糟糕,我忘了带钥匙!

造成 zàochéng *v.* create, cause
【配】造成损失,造成影响
【例】①这个小小的失误竟然造成了这么大的损失。②这种结局是他自己一手造成的。

则 zé *conj.* (used to indicate cause and effect, condition, contrast)
【配】骄傲则败
【例】①逆 (nì; go against) 水行舟 (zhōu; boat),不进则退。②姐姐帮妈妈做饭,妹妹则帮爸爸整理房间。

责备 zébèi *v.* blame

【配】受责备
【例】①爸爸从来不责备我。②你不要再责备他了,他不是故意的。

摘 zhāi *v.* pick, take off
【配】摘花,摘眼镜
【例】①我们今天摘了一筐 (kuāng; basket) 苹果。②他把帽子摘了下来。

窄 zhǎi *adj.* narrow
【配】很窄,窄胡同
【例】①这条路太窄了,只能过一辆车。②车开进了一条窄巷子。
【反】宽

粘贴 zhāntiē *v.* glue, paste
【配】粘贴邮票
【例】①请把这两张纸粘贴在一起。②墙上粘贴了很多小纸片。

展开 zhǎnkāi *v.* spread out, launch
【配】展开画卷,展开辩论
【例】①他展开了这幅地图。②他们围绕这个问题展开了一场热烈的讨论。

展览 zhǎnlǎn *v.* exhibit, display
【配】举办展览,美术展览,展览馆
【例】①美术馆正在举办摄影展览。②李老师把优秀作文贴在白板上展览。

占 zhàn *v.* take up (time, space, etc)
【配】占时间,占座位
【例】①上课占了我生活的大部分时间。②这张床占了这个房间的三分之一。③我在图书馆占了一个座位。

战争 zhànzhēng *n.* war
【配】激烈的战争
【例】①这场战争持续了一年。②我们都热爱和平,反对战争。

长辈 zhǎngbèi *n.* member of an elder generation
【配】尊敬长辈
【例】①尊敬长辈是中华民族的传统美德(měidé; virtue)。②我们要听从长辈的忠告(zhōnggào; heartfelt advice)。

涨 zhǎng *v.* (of water, prices, etc) rise
【配】涨价,上涨
【例】①这几年房价涨得很快。②大海每天傍晚涨潮

(cháo; tide)。

掌握 zhǎngwò *v.* grasp, master
【配】掌握技术，熟练掌握
【例】①大家都掌握了这个词的用法。②他掌握了办公软件的使用方法。

账户 zhànghù *n.* account
【配】银行账户
【例】①我的账户里只剩下一百块钱了。②请把钱打到这个账户里。

招待 zhāodài *v.* receive (guests), entertain
【配】招待客人
【例】①感谢你对我们的热情招待。②人太多了，服务员招待不过来。

着火 zháohuǒ *v.* catch fire, be on fire
【例】①那座老房子着火了！②着火了，快跑啊！

着凉 zháoliáng *v.* catch cold
【配】当心着凉
【例】①天冷了,小心着凉！②她昨天晚上有点儿着凉。

召开 zhàokāi *v.* summon, convene

【配】顺利召开，召开会议
【例】① 2020年冬奥会将在北京召开。②第五次环境保护大会即将召开。

照常 zhàocháng *adv.* as usual
【配】照常进行
【例】①这个周末我们照常上课。②这家商店节假日照常营业。

哲学 zhéxué *n.* philosophy
【配】哲学思想
【例】①他是哲学系的学生。②老子是中国古代著名的哲学家。

针对 zhēnduì *v./prep.* be directed against; aiming at
【配】针对性
【例】①你不要老是针对他。②针对这个问题，我们来讨论一下。

珍惜 zhēnxī *v.* cherish
【配】珍惜生命，好好珍惜
【例】①我们应该好好珍惜我们所拥有的一切。②我们要珍惜时间。

真实 zhēnshí *adj.* true, real
【配】真实信息，绝对真实
【例】①请告诉我你真实的感觉。②这是一个真实的故事。

诊断 zhěnduàn *v.* diagnose
【配】诊断病情
【例】①医生要正确地诊断病人的病情。②医生诊断他患上了癌症 (áizhèng;cancer)。

阵 zhèn *m.* short period, spell
【配】一阵风，一阵雨
【例】①这时忽然刮起一阵风。②教室里响起了一阵掌声。

振动 zhèndòng *v.* vibrate
【配】物体振动
【例】①声音是由物体振动产生的。②手机在桌上不停地振动。

争论 zhēnglùn *v.* argue
【配】争论问题
【例】①大家对这个问题展开了争论。②这个争论一直到今天还存在。

争取 zhēngqǔ *v.* strive for
【配】争取胜利，主动争取
【例】①我要争取在考试中取得好成绩。②我们要努力争取把工作做到最好。

征求 zhēngqiú *v.* solicit, ask for
【配】征求意见
【例】①老师向同学们征求意见。②孩子们希望父母能在一些家庭问题上征求他们的看法。

睁 zhēng *v.* open (the eyes)
【配】睁开，睁眼
【例】①她睁开眼睛看着我。②对于这件事，你就睁一只眼闭一只眼吧。

整个 zhěnggè *adj.* whole, total
【配】整个人，整个世界
【例】①整个苹果都坏掉了。②她整个上午都在看这本书。

整齐 zhěngqí *adj.* neat, tidy, regular
【配】整齐的队伍，排列整齐
【例】①他的字写得清楚整齐。②书架上整齐地摆放着各种图书。

整体 zhěngtǐ *n.* whole, entirety
【配】整体印象,整体上
【例】①老师对玛丽的整体印象很好。②我觉得这个方案整体上设计得不错。

正 zhèng *adj./adv.* straight, correct, right; just happening
【配】正面,正在
【例】①这幅画没有挂正。②外面正下着雪。

证件 zhèngjiàn *n.* certificate
【配】有效证件,检查证件
【例】①警察要求我出示证件。②来访者需要登记姓名和证件号码。

证据 zhèngjù *n.* proof, evidence
【配】寻找证据,掌握证据
【例】①警察发现了新的证据。②这些证据可以证明你是无罪的。

政府 zhèngfǔ *n.* government
【配】地方政府,政府部门
【例】①政府要为人民办实事。②他在政府部门上班。

政治 zhèngzhì *n.* politics, political affairs
【配】政治观点,政治活动

【例】①我最喜欢的一门课是政治。②大学生应该多关心时事政治。

挣 zhèng *v.* earn, make
【配】挣钱，挣学费
【例】①为了过上更好的生活，我要努力挣钱。②我的学费都是自己暑假打工挣的。

支 zhī *m.* (for long, thin objects)
【配】一支蜡烛
【例】①请借我一支笔。②我要买一支牙膏。

支票 zhīpiào *n.* cheque
【配】开支票
【例】①这是一张一万元的支票。②我要把这张支票兑现 (duìxiàn; cash a cheque)。

执照 zhízhào *n.* licence
【配】申请执照，营业执照
【例】①开饭店要先申请营业执照。②我有驾驶执照。

直 zhí *adj./adv.* straight; directly
【配】笔直，直走
【例】①这条线画得很直。②直走五分钟就能看到银行了。

指导 zhǐdǎo *v.* guide, direct
【配】指导工作,指导员
【例】①王老师认真地指导了同学们的实习工作。②教师在指导学生做实验。

指挥 zhǐhuī *v./n.* command; commander, conductor
【配】指挥交通,乐队指挥
【例】①交警在马路上指挥交通。②他是一位著名的乐队指挥。

至今 zhìjīn *adv.* up to now, so far
【例】①她至今也没想出办法来。②他至今还没有结婚。

至于 zhìyú *prep.* as for
【例】①至于玛丽,我们今天就不怪她了。②至于这个问题,我们以后再说。

志愿者 zhìyuànzhě *n.* volunteer
【配】志愿者精神,当志愿者
【例】①我当过北京奥运会的志愿者。②她是一名优秀的青年志愿者。

制定 zhìdìng *v.* formulate, work out

【配】制定法律，制定制度
【例】①这是一部新制定的法律。②这次会议的任务是制定环境保护新政策。

制度 zhìdù *n.* regulation system
【配】工作制度，经济制度
【例】①公司有对优秀员工的奖励制度。②这项制度可以保障公民的权利。

制造 zhìzào *v.* make, manufacture, produce
【配】中国制造，制造麻烦
【例】①这些香水都是法国制造的。②最先制造出纸的是中国人。

制作 zhìzuò *v.* make, manufacture
【配】手工制作，制作工具
【例】①我喜欢制作动画。②古时候，人们用石头和木头制作生产工具。

治疗 zhìliáo *v.* treat
【配】治疗疾病
【例】①这种药可以治疗感冒。②生病了要及时到医院治疗。

秩序 zhìxù *n.* order
【配】公共秩序,有秩序
【例】①人们很有秩序地排队买票。②我们要遵守公共秩序。

智慧 zhìhuì *n.* wisdom, intelligence
【配】有智慧,集体智慧
【例】①她是个很有智慧的人。②是集体的智慧使这项工作能顺利完成。

中介 zhōngjiè *n.* intermediary
【配】房屋中介
【例】①他想通过房屋中介租房。②这家中介公司帮我找到了工作。

中心 zhōngxīn *n.* centre
【配】服务中心,市中心
【例】①花园的中心有一个水池。②请到会议中心开会。

中旬 zhōngxún *n.* middle ten days of a month
【配】本月中旬
【例】①他本月中旬要去上海出差。②她下个月中旬就要结婚了。

种类 zhǒnglèi *n.* sort, type, category
【配】种类丰富,不同种类
【例】①书店提供许多不同种类的书。②中国茶叶的种类很丰富。

重大 zhòngdà *adj.* great, major, significant
【配】重大贡献,责任重大,意义重大
【例】①这次火灾造成了重大损失。②父母的支持对我来说意义重大。

重量 zhòngliàng *n.* weight
【配】称重量,重量单位
【例】①这个箱子的重量是10千克。②这座桥可以承受很大的重量。

周到 zhōudào *adj.* considerate, thoughtful
【配】服务周到,考虑周到
【例】①这家餐厅的服务很周到。②对于这个问题,小李考虑得很周到。

猪 zhū *n.* pig
【配】一头猪,母猪
【例】①他家养了几头猪。②这个玩具猪很可爱。

竹子 zhúzi *n.* bamboo
【配】一棵竹子
【例】①后院长了几棵竹子。②竹子的用途有很多种。

逐步 zhúbù *adv.* progressively
【配】逐步深入
【例】①我们公司的生产效率在逐步提高。②我们要逐步解决这个问题。

逐渐 zhújiàn *adv.* gradually, steadily
【配】逐渐变冷，逐渐扩大
【例】①他逐渐喜欢上了这里。②傍晚，天逐渐暗了。

主持 zhǔchí *v.* chair, host
【配】主持节目
【例】①校长主持了这次会议。②晚会由著名主持人主持。

主动 zhǔdòng *adj.* on one's own initiative
【配】主动学习，主动地位
【例】①他主动提出要来帮忙。②他工作总是很主动。
【反】被动（bèidòng）

主观 zhǔguān *n./adj.* subjectivity; subjective

【配】主观愿望，主观经验
【例】①主观经验要与客观实际相结合。②你对这个问题的看法太主观。
【反】客观

主人 zhǔrén *n.* host, owner
【配】女主人
【例】①我是这座房子的主人。②去朋友家作客时，我们常常要给主人带点儿礼物。

主任 zhǔrèn *n.* director, head, chief
【配】中心主任，班主任
【例】①王老师是我们中文系的系主任。②办公室主任是一位年轻的男士。

主题 zhǔtí *n.* main topic, theme
【配】主题思想，讨论主题
【例】①这次展览会的主题是爱护自然。②这篇课文的主题是保护环境。

主席 zhǔxí *n.* chairperson
【配】国家主席，竞选主席
【例】①他担任这次会议的主席。②她要去竞选学生会主席。

主张 zhǔzhāng v./n. advocate; proposition
【配】主张改革，提出主张
【例】①她主张连夜加班完成工作。②这个主张是小王提出来的。

煮 zhǔ v. cook, boil
【配】煮饭
【例】①妈妈煮的饭菜味道特别好。②饭煮熟了。

注册 zhùcè v. register, enrol
【配】正式注册，注册商标 (shāngbiāo; trademark)
【例】①他是我们学校正式注册的学生。②他们公司刚刚注册。

祝福 zhùfú v. bless, wish
【配】为你祝福
【例】①我祝福你们新婚快乐！②向你们送上我最美好的新年祝福！

抓 zhuā v. grab, seize, clutch
【配】抓不住
【例】①她吓得一直抓着我的胳膊不放。②我昨天在街上亲眼看到了警察抓小偷。

抓紧 zhuājǐn v. firmly grasp, pay close attention to
【配】抓紧时间
【例】①这种产品现在缺货,你们要抓紧生产。②很快就要考试了,同学们都在抓紧时间复习。

专家 zhuānjiā n. expert
【配】农业专家,语言学专家
【例】①她是一位医学专家。②专家认为这种说法并不科学。

专心 zhuānxīn adj. attentive
【配】专心听课,专心学习
【例】①这个孩子学习非常专心。②她专心地听老师讲课。

转变 zhuǎnbiàn v. change, transform
【配】转变方向
【例】①他一下子转变了态度。②有时候,坏事也能转变成好事。

转告 zhuǎngào v. pass on (a message)
【配】转告消息
【例】①请转告小王,玛丽来找过他。②我有个消息要转告你。

装 zhuāng v. install, pretend
【配】装电话,假装
【例】①工人来帮我装空调。②你不要装作不知道这件事。

装饰 zhuāngshì v. decorate
【配】装饰房间
【例】①她的房间装饰得很漂亮。②你想怎么装饰这棵圣诞树 (shèngdànshù; Christmas tree)?

装修 zhuāngxiū v. renovate, fit up (a house, etc)
【配】装修房子,装修豪华
【例】①他们在装修新房子准备结婚。②这个酒店装修特别豪华。③这个房子内部装修很新。

状况 zhuàngkuàng n. condition, state of affairs
【配】健康状况,状况良好
【例】①他们家的经济状况不太好。②老人的身体出现了一些不好的状况。

状态 zhuàngtài n. state of affairs
【配】工作状态,处于……状态
【例】①机器目前处于工作状态。②她最近状态不错。

撞 zhuàng *v.* bump against, collide
【配】撞到桌子，撞车
【例】①路上有两辆车子相撞了。②他不小心撞到了门上。

追 zhuī *v.* chase after, pursue
【配】你追我赶，猫追老鼠
【例】①你走慢一点儿，我都追不上你了。②他在最后时刻追上了第一名。

追求 zhuīqiú *v.* pursue, go after
【配】追求幸福，努力追求
【例】①年轻人要努力追求自己的理想。②追求利润是商业的一个特点。

咨询 zīxún *v.* consult
【配】咨询专家，法律咨询
【例】①我已经咨询过专家了。②有问题可以打电话向他咨询。
【扩】查询 (cháxún; enquire about)

姿势 zīshì *n.* pose, posture
【配】摆姿势，姿势优美
【例】①你看书的姿势不对。②她拍照时很会摆姿势。

资格 zīgé *n.* qualifications
【配】有资格,获得资格
【例】①你没有资格这样说我。②他具备了当汉语教师的资格。

资金 zījīn *n.* fund, capital
【配】资金充足,投入资金
【例】①我们公司有充足的资金。②公司又给这个项目投入了一大笔资金。

资料 zīliào *n.* data, material
【配】参考资料,大量资料
【例】①这些资料仅供参考。②我有许多关于汉语语法的学习资料。

资源 zīyuán *n.* resources
【配】保护资源,开发资源
【例】①自然资源是有限的。②学校图书馆的图书资源很丰富。
【扩】水源(shuǐyuán; headwaters)

紫 zǐ *adj.* purple
【配】紫色
【例】①我喜欢紫色。②她穿着一条紫裙子。

自从 zìcóng *prep.* since, from
【例】①自从你走后,她就一直在担心你。②自从上个月以来,他就没有来上过课。

自动 zìdòng *adj./adv.* automatic; automatically
【配】全自动,自动控制
【例】①我家里的洗衣机是全自动的。②这个程序可以自动保存信息。

自豪 zìháo *adj.* proud of
【配】自豪感,感到自豪
【例】①父母为孩子感到十分自豪。②我们都为祖国优秀的传统文化感到骄傲和自豪。

自觉 zìjué *adj./v.* conscious; realise
【配】自觉遵守
【例】①玛丽是个很自觉的孩子。②大家要自觉遵守交通规则。③丽丽自觉感冒已经好多了。

自私 zìsī *adj.* selfish
【配】自私心理
【例】①他是个很自私的人。②我们要多为别人着想,不能太自私。

自由 zìyóu *n./adj.* freedom; free
【配】自由平等，自由行动
【例】①我喜欢自由。②我的工作时间很自由。

自愿 zìyuàn *v.* volunteer
【配】自愿参加
【例】①我自愿报名参加这次活动。②她是自愿来这里的。

字母 zìmǔ *n.* letter
【配】字母表
【例】①英语有 26 个字母。②这两种语言的字母不完全相同。

字幕 zìmù *n.* subtitles, captions
【配】中文字幕，一行字幕
【例】①请你帮我在这里加一行中文字幕。②这部电影有中英文字幕。

综合 zōnghé *v.* synthesise, integrate
【配】综合素质
【例】①她的综合成绩在班上排名第一。②我们要把这些问题综合起来考虑。

总裁 zǒngcái *n.* company president
【配】公司总裁,总裁助理
【例】①这位是张总裁。②这份文件需要总裁签字。

总共 zǒnggòng *adv.* in total
【例】①我们班总共 25 个人。②她总共去了三天。

总理 zǒnglǐ *n.* premier
【配】担任总理
【例】①大家都很敬爱这位总理。②总理去美国访问了。

总算 zǒngsuàn *adv.* finally
【配】总算完成
【例】①任务总算完成了。②你总算来了。

总统 zǒngtǒng *n.* president (of a republic)
【配】竞选总统,美国总统
【例】①法国总统最近要来中国访问。②美国选出了新总统。

总之 zǒngzhī *conj.* in short, in a word
【例】①总之,要想成功,必须付出艰辛的努力。②总之,我很喜欢这个地方。

阻止 zǔzhǐ *v.* stop, prevent

【配】及时阻止
【例】①她决定要去,我阻止不了她。②警察及时阻止了他的违法行为。

组 zǔ *m.* set, series
【配】一组人,一组文章
【例】①朋友送了我一组纪念邮票。②这组画是由不同的人画的。

组成 zǔchéng *v.* compose
【配】由……组成,组成家庭
【例】①他们组成了一个乐队。②小王和小李组成了新家庭。

组合 zǔhé *v./n.* compose, make up; combination
【配】组合起来
【例】①请把这几个词语组合成一个句子。②这个集团 (jítuán; group) 是好几家公司的组合。

组织 zǔzhī *n./v.* organisation; organise
【配】建立组织,组织活动
【例】①小王加入了一个环境保护组织。②你组织大家排队进去吧。

最初 zuìchū *n.* first, initial
【配】最初阶段
【例】①最初,我是学钢琴的,现在我拉小提琴 (xiǎotíqín; violin)。②最初我并不认识他。

醉 zuì *v.* be drunk
【配】喝醉
【例】①他喝醉了。②他喝了五瓶啤酒也没有醉。

尊敬 zūnjìng *v.* respect
【配】尊敬老师,受到尊敬
【例】①大家都很尊敬他。②我们应该尊敬长辈。

遵守 zūnshǒu *v.* abide by, observe
【配】遵守纪律,严格遵守
【例】①上课时要遵守纪律。②大家要遵守交通规则。

作品 zuòpǐn *n.* works (of literature and art)
【配】优秀作品,摄影作品
【例】①这是一件优秀的书法作品。②她在杂志上发表了很多篇文学作品。
【扩】艺术品 (yìshùpǐn; work of art)

作为 zuòwéi *prep.* as

【配】作为学生
【例】①作为一名医生,他把治病救人放在第一位。②作为老师,我们要对学生负责任。

作文 zuòwén *n.* composition
【配】写作文,作文题目
【例】①学校准备举行一次作文比赛。②这篇作文写得很好。

附录

附表1：重组默认词

	重组默认词		大纲词
1	摆放	bǎifàng	摆 放
2	背后	bèihòu	后背 后面
3	编写	biānxiě	编辑 写
4	标签	biāoqiān	标志 签
5	采用	cǎiyòng	采取 使用
6	查询	cháxún	检查 咨询
7	产量	chǎnliàng	生产 数量
8	虫子	chóngzi	昆虫 兔子
9	辞退	cítuì	辞职 退
10	刺眼	cìyǎn	刺激 眼睛
11	促销	cùxiāo	促进 销售
12	订单	dìngdān	预订 菜单
13	独自	dúzì	单独 自己
14	躲避	duǒbì	躲藏 逃避
15	法则	fǎzé	法律 规则
16	返回	fǎnhuí	往返 回
17	房屋	fángwū	房间 屋子
18	废旧	fèijiù	废话 旧
19	分享	fēnxiǎng	分 享受

20	概率	gàilǜ	大概	汇率
21	古老	gǔlǎo	古代	老
22	观赏	guānshǎng	参观	欣赏
23	柜子	guìzi	柜台	桌子
24	含量	hánliàng	包含	数量
25	含有	hányǒu	包含	有
26	缓慢	huǎnmàn	缓解	慢
27	货架	huòjià	售货员	书架
28	计算机	jìsuànjī	计算	手机
29	纪念品	jìniànpǐn	纪念	商品
30	加强	jiāqiáng	增加	强调
31	驾驶员	jiàshǐyuán	驾驶	售货员
32	驾照	jiàzhào	驾驶	执照
33	减弱	jiǎnruò	减少	弱
34	奖品	jiǎngpǐn	奖金	商品
35	靠近	kàojìn	靠	附近
36	夸大	kuādà	夸张	大
37	礼品	lǐpǐn	礼物	商品
38	美食	měishí	美丽	食物
39	名称	míngchēng	名字	称呼
40	木材	mùcái	木头	材料
41	拍摄	pāishè	拍	摄影
42	拍照	pāizhào	拍	照片
43	陪伴	péibàn	陪	伙伴

44	品牌	pǐnpái	商品 登机牌
45	凭借	píngjiè	凭 借
46	强大	qiángdà	坚强 大
47	身份证	shēnfènzhèng	身份 证件
48	升高	shēnggāo	升 提高
49	升职	shēngzhí	升 职业
50	诗歌	shīgē	诗 唱歌
51	诗人	shīrén	诗 人
52	食品	shípǐn	食物 商品
53	收集	shōují	收 集中
54	受益	shòuyì	接受 利益
55	树木	shùmù	树 木头
56	水源	shuǐyuán	水 资源
57	睡眠	shuìmián	睡觉 失眠
58	搜集	sōují	搜索 集中
59	俗语	súyǔ	风俗 词语
60	特产	tèchǎn	特别 产品
61	提升	tíshēng	提高 升
62	体型	tǐxíng	身体 类型
63	同伴	tóngbàn	同事 伙伴
64	外婆	wàipó	外公 老婆
65	外形	wàixíng	外 形状
66	文件夹	wénjiànjiā	文件 夹子
67	问卷	wènjuàn	问题 试卷

68	物品	wùpǐn	购物	商品
69	显而易见	xiǎn'éryìjiàn	明显 而	
			容易	看见
70	显示器	xiǎnshìqì	显示	机器
71	相册	xiàngcè	照相	册
72	销量	xiāoliàng	销售	数量
73	研制	yánzhì	研究	制造
74	夜晚	yèwǎn	夜	晚上
75	艺术品	yìshùpǐn	艺术	作品
76	增强	zēngqiáng	增加	坚强
77	掌声	zhǎngshēng	鼓掌	声音
78	主持人	zhǔchírén	主持	人
79	住宿	zhùsù	住	宿舍

附表2：减字默认词

	重组默认词		**大纲词**
1	编	biān	编辑
2	藏	cáng	躲藏
3	曾	céng	曾经
4	肠	cháng	香肠
5	厂	chǎng	工厂
6	尺	chǐ	尺子
7	充	chōng	补充

8	充电	chōngdiàn	充电器
9	愁	chóu	发愁
10	胆	dǎn	胆小鬼
11	岛	dǎo	岛屿
12	订	dìng	预订
13	毒	dú	病毒
14	躲	duǒ	躲藏
15	防	fáng	预防
16	工程	gōngchéng	工程师
17	拐	guǎi	拐弯
18	含	hán	包含
19	挤	jǐ	拥挤
20	剪	jiǎn	剪刀
21	亏	kuī	多亏
22	立	lì	建立
23	领	lǐng	领导
24	录	lù	录音
25	赔	péi	赔偿
26	配	pèi	分配
27	喷	pēn	打喷嚏
28	齐	qí	整齐
29	棋	qí	象棋
30	强	qiáng	坚强
31	删	shān	删除

32	扇	shàn	扇子
33	射	shè	射击
34	湿	shī	潮湿
35	梳	shū	梳子
36	摔	shuāi	摔倒
37	搜	sōu	搜索
38	替	tì	代替
39	贴	tiē	粘贴
40	痛	tòng	痛苦
41	投	tóu	投入
42	土	tǔ	土地
43	弯	wān	拐弯
44	未	wèi	未必
45	稳	wěn	稳定
46	握	wò	掌握
47	闲	xián	休闲
48	用品	yòngpǐn	日用品
49	造	zào	创造
50	粘	zhān	粘贴
51	治	zhì	治疗
52	致	zhì	导致

附表3：特例词

	特例词	说明
1	《本草纲目》《Běncǎo Gāngmù》	书名
2	《地理概况》《Dìlǐ Gàikuàng》	书名
3	《汉书》《Hàn Shū》	书名
4	《交换空间》《Jiāohuàn Kōngjiān》	节目名
5	《清明上河图》《Qīngmíng Shàng Hé Tú》	画名
6	《全唐诗》《Quán Táng Shī》	书名
7	《三国志》《Sānguó Zhì》	书名
8	《三字经》《Sān Zì Jīng》	书名
9	《舌尖上的中国》《Shéjiān shang de Zhōngguó》	节目名
10	《实话实说》《Shí Huà Shí Shuō》	节目名
11	《史记》 《Shǐ Jì》	书名

12	《孙子兵法》 《Sūnzǐ Bīngfǎ》	书名
13	《围城》 《Wéichéng》	书名
14	《战争与和平》 《Zhànzhēng yǔ Hépíng》	书名
15	安济桥　Ānjì Qiáo	建筑名
16	安乐寺　Ānlè Sì	建筑名
17	白居易　Bái Jūyì	名字
18	北京故宫博物院 Běijīng Gùgōng Bówùyuàn	单位组织名
19	北宋　Běi Sòng	朝代名
20	编辑部　biānjíbù	单位组织名
21	冰灯　bīngdēng	观赏物
22	成都　Chéngdū	地名
23	重庆　Chóngqìng	地名
24	楚国　Chǔ Guó	地名
25	川菜　chuāncài	菜名
26	春秋　Chūnqiū	朝代名
27	东汉　Dōng Hàn	朝代名
28	东南亚　Dōngnányà	地名
29	洞庭湖　Dòngtíng Hú	地名
30	非洲　Fēizhōu	地名
31	福建　Fújiàn	地名

32	国航	Guóháng	单位组织名
33	汉族	Hànzú	民族名
34	衡山	Héng Shān	山名
35	湖南	Húnán	地名
36	甲骨文	jiǎgǔwén	文字名
37	精卫	Jīngwèi	名字
38	孔明灯	kǒngmíngdēng	观赏物
39	孔子	Kǒngzǐ	名字
40	李时珍	Lǐ Shízhēn	名字
41	满汉全席	Mǎn-Hàn Quán Xí	菜名
42	满族	Mǎnzú	民族名
43	梅兰芳	Méi Lánfāng	名字
44	明代	Míngdài	朝代名
45	明清	Míng-Qīng	朝代名
46	清朝	Qīngcháo	朝代名
47	商周	Shāng-Zhōu	朝代名
48	少林寺	Shàolín Sì	建筑名
49	四川	Sìchuān	地名
50	塔克拉玛干沙漠	Tǎkèlāmǎgān Shāmò	地名
51	泰山	Tài Shān	山名
52	唐代	Tángdài	朝代名
53	天池	Tiānchí	地名

54	香港	Xiānggǎng	地名
55	颐和园	Yíhé Yuán	建筑名
56	赵王	Zhào Wáng	称呼
57	赵州桥	Zhàozhōu Qiáo	建筑名
58	诸葛亮	Zhūgě Liàng	名字
59	庄子	Zhuāngzǐ	名字

外研社 · HSK 课堂系列

"外研社·HSK 课堂系列"是一套训练学生听、说、读、写各方面技能的综合性考试教材,包括五大子系列。本系列教材紧扣 HSK 考试大纲,准确把握 HSK 考试的重点难点,分析深入浅出,讲解精炼到位,使学生能够快乐学习、轻松过关。

1 HSK 词汇系列

2 21 天征服 HSK 教程系列

3 HSK 专项突破系列

4 HSK 通关系列

5 HSK 全真模拟试题集系列

快乐学汉语
轻松得高分！

中文天天读
Reading China

《中文天天读》是专为汉语学习者编写的一套中文分级读物。既可作为课外读物,也可作为阅读教材。《中文天天读》具有如下特点:

- **分级读物**:按语言难度分为五个等级,每级各有不同的分册,可适合不同级别学习者使用;
- **中国话题**:话题从中国人的衣食住行、传统风俗与现代生活的交替到中国当代的语言、文化、经济等,从不同角度客观展现了中国的社会面貌;
- **文章简短**:篇幅短小,语言浅显,内容风趣,体裁多样,可充分调动学习者的阅读兴趣;
- **有声阅读**:每册均有配套 CD 或 MP3,学习者可边听边读,通过听、读两种方式欣赏地道的中文。

《中文天天读》包含如下产品:

1级	1A 爱上中国	1B 小马过河	500 词汇
2级	2A 奇妙的中文	2B 自行车王国	1000 词汇
3级	3A 八月八日,我们结婚	3B 好一朵茉莉花	2000 词汇
4级	4A 北京欢迎你	4B 种下一棵爱情树	3500 词汇
5级	5A 熊猫外交	5B 中国的"春运潮"	5000 词汇

联系方式:
Tel: 86-10-88819973　　E-mail: chinese@fltrp.com

中国人的
生活 故事
Stories of Chinese People's Lives

《中国人的生活故事》中文系列读物由孔子学院总部/国家汉办组织编写，目的是满足各国汉语学习者在汉语读物方面的需求。第一辑以便携口袋书的形式推出，按主题分为8个分册，每分册收录8篇文章。选文从名家名篇到普通人手笔，全方位地展现中国人的生活。通过该系列读物，读者不仅可以提高中文阅读能力，也能够通过这些故事了解普通中国人的生活和情感。图书提供在线的声音资源，读者扫描封底二维码便可获取，边读边听，在品味故事的同时提高中文听说水平。

联系方式：
Tel: 86-10-88819973   E-mail: chinese@fltrp.com